Für Yannick

Danke, dass du in guten und in schweren Zeiten mein Fels in der Brandung bist, immer an mich glaubst und mir das Gefühl gibst, alles schaffen zu können. Besonders während meiner *Friendship Breakups* und in der Zeit danach, haben deine Liebe und dein Verständnis mich unendlich gestärkt und mir geholfen, mich selbst wiederzufinden und mich daran zu erinnern, was ich wert bin. Ich kann dir gar nicht sagen, wie dankbar ich dir dafür bin.

Inhaltsverzeichnis

Vorwort

Hi! Falls dieser Text es in deine Hände geschafft hat, möchte ich mich zu Beginn kurz vorstellen. Ich bin Linda, zum jetzigen Zeitpunkt 31 Jahre alt und der Meinung, dass ich ein ganz normales Leben lebe, sofern man irgendwas in diesem Leben als „normal" kategorisieren kann. Ich habe geschiedene Eltern (keine schöne Scheidung), habe schon Todesfälle im nahen Umfeld erlebt, habe meine geliebten Haustiere abgeben müssen, habe eine Beziehung beendet, die fast zehn Jahre ging und von der ich mir teilweise sicher war, dass sie den Rest meines Lebens dauern würde und ich meinen Platz gefunden hätte, kurz: Ich habe schon den ein oder anderen Schmerz erlebt, Schicksalsschläge durchlitten und die kleinen oder auch weniger kleinen Hürden, die das Leben einem manchmal stellt, gemeistert oder meistern müssen. Wie wir alle. Manche dieser Hürden habe ich mit Hilfe gemeistert, manche ganz allein. Manche ließen sich leichter überwinden als andere. Von manchen dachte ich, ich würde sie niemals überwinden und dann ging es plötzlich doch. Aus eigentlich allen Hürden habe ich etwas gelernt, mich entwickelt und wurde vom Leben zu dem Menschen geformt, der ich heute bin.

Aber die schwierigste Hürde, an der ich am meisten zu knabbern hatte und die für mich so unerwartet kam, dass sie mich wie eine Welle umgerissen und mir den Boden unter den Füßen weggezogen hat, war die, über die ich vorher irgendwie nie Gespräche geführt habe, über die ich wenig gelesen habe und auf die ich mich nicht vorbereitet gefühlt habe: *Friendship.Breakups*. Wie eine Trennung, aber in einer Freundschaft. Und ich meine hier nicht das „Ach ja, mit der bin ich zur Schule gegangen, wir waren mal ganz gut miteinander und haben uns nun auseinandergelebt“ oder diese „Irgendwie hat sich das verlaufen“-Situationen, oder so etwas wie „Sie hat mich angelogen und deswegen habe ich ihr die Freundschaft gekündigt“. Sondern die Situation, in der eine Freundin der anderen sagt: „Ich will nicht mehr mit dir befreundet sein“, ohne dass die andere es kommen sieht. Diese Person war in meinem Fall ich.

Natürlich habe ich auch vorher schon Situationen erlebt, in denen sich Freundschaften, die ich geführt hatte, auseinandergelebt haben. Man kam einfach nicht mehr gut miteinander klar und der Kontakt ist, wie man so schön sagt, „ausgelaufen“, weil die Prioritäten sich geändert haben. Oder die Interessen haben sich geändert, weil man auf unterschiedliche Schulen gegangen ist, sich neue Freundeskreise gebildet haben, man vielleicht in eine andere Stadt gezogen ist. Das ist natürlich und so etwas passiert ständig, somit auch mir.

Ich bin zum Beispiel nach meiner Ausbildung in eine größere Stadt gezogen, nur ca. eine Stunde Fahrt von meiner Heimat entfernt, aber viele meiner Freundschaften aus der Heimat haben das nicht überlebt. Das heißt auch nicht zwingend, dass sie vorbei sind, aber ich treffe die Mädels vielleicht so ein- bis zweimal im Jahr, dann gibt's das „große Update“ und das reicht dann erst mal für alle Beteiligten. Das, was früher mal ein Treffen alle ein bis zwei Wochen im Lieblingscafé war, gibt's plötzlich nicht mehr, die Relevanz, die man im Leben des anderen hat, nimmt ab und die Themen, in die man involviert wird, werden immer weniger. Das ist schade, aber okay. Es gibt kein böses Blut, kein Nachtragen und auch kein Ende. Ich weiß, dass ich meine Heimatfreundinnen jederzeit anrufen kann, wenn ich möchte, ein neues Treffen ausmachen oder sie fragen kann, wie es ihnen geht und was es Neues gibt. Sie sind immer noch da, und wenn auch nur ein kleiner Teil meines Lebens, so sind sie doch noch einer.

Wenn jemand dir sagt, dass er nichts mehr mit dir zu tun haben will, dann ist das anders. Es ist fast schon mehr wie eine Trennung einer romantischen Beziehung, weil es so ein harter, schmerzhafter Cut ist. Ich weiß nicht, wie es der anderen Person geht, was in ihrem Leben los ist, was es Neues gibt, was der Job macht oder wohin der nächste Urlaub geht, obwohl das Dinge waren, die früher so selbstverständlich miteinander geteilt wurden. Und dieser Cut kam für mich so unerwartet, weil es sich zum einen um Freundschaften handelte, von denen ich mir sicher war, dass sie für immer Teil meines Lebens sein würden, zum anderen, weil ich das Gefühl habe, dass niemand so wirklich über diese Art der Trennung spricht. Jeder spricht über das Ende von Liebesbeziehungen. Du kannst nicht das Radio anstellen, ohne einen Song über Liebeskummer zu hören. Es gibt so viele Ratschläge, es gibt so viel Input. Wenn es einem dann passiert, weiß man irgendwie: Jetzt wird es erst mal echt weh tun und mir steht eine schlimme Zeit bevor. Aber die Hoffnung schwingt mit, dass es mir irgendwann wieder besser gehen wird, weil es doch jedem schon mal so ging. Denen geht es allen wieder gut. Die haben doch alle neue Beziehungen. Die sind alle wieder glücklich. Von dem gleichen Interpreten gibt's neue Lovesongs nach denen über Heartbreaks. Das wird alles wieder.

Bei Friendship Breakups hat mir das gefehlt. Ich habe mir vieles selbst zusammengesucht, habe viel im Stillen gelitten und mich allein und hilflos gefühlt. Ich hatte oft das Gefühl, nicht zeigen zu dürfen, dass meine Freundinnen mir immer noch fehlen, dass ich vielleicht das Gefühl habe, nie wieder ein solches Band zu einer Freundin zu finden. Und ich hatte oft das Gefühl, das Thema totschweigen zu müssen.

Ganz wichtig finde ich an der Stelle direkt zu sagen, dass genau wie zu einer Liebesbeziehung auch zu einer Freundschaft immer zwei Personen gehören und wahrscheinlich nie nur eine Person schuld ist an dem, was passiert, oder daran, dass eine Freundschaft endet. Ich strebe hier keineswegs nach Mitleid oder danach, mich auf ein Podest zu stellen, auf dem ich sage: „Schaut nur, was sie mir angetan haben!" – Ich bin absolut kein Fan der Opferrolle. Vielmehr möchte ich inspirieren, meinen Heilungsweg teilen, neue Perspektiven schaffen. Dazu gehört aber auch, meinen Schmerz zu teilen, der sich vielleicht manchmal einseitig anhören mag. Das liegt daran, dass es meine Perspektive ist, das, was ich in bestimmten Situationen empfunden habe und auch immer noch empfinde.

Deswegen ist die Intention dieses Buches, meine Geschichte zu erzählen, um ein Bewusstsein zu schaffen und um für das

Thema zu sensibilisieren. Ich erzähle bewusst nicht von wissenschaftlichen Studien oder bewiesenen Kommunikationsmodellen, denn darüber gibt es mehr als genug Literatur und Menschen, die sich bedeutend besser auskennen als ich. Ich erzähle aus meiner Perspektive und möchte meinen Lesern das Gefühl vermitteln, mit einer guten Freundin zu quatschen.

Mir sind zwei solcher prägnanten Friendship Breakups widerfahren, beide in einem Jahr und beide sehr unterschiedlich. Jedoch mit den beiden Freundinnen, von denen ich dachte, ich müsse mich eventuell mal zwischen ihnen entscheiden, wenn es darum geht, wer meine Trauzeugin wird, sollte ich mal heiraten. Daher waren beide Freundschaftsabbrüche extrem schmerzhaft, prägend und beeinflussend für mich. Diese Erlebnisse haben mich aber auch unendlich wachsen lassen und mich dazu gebracht, mich besser kennenzulernen und mich weiterzuentwickeln. Ich habe unglaublich viel daraus gelernt und möchte diese Erkenntnisse gerne teilen, anderen Mut machen und dem einen oder anderen hoffentlich zu einer neuen Perspektive verhelfen.

Um ein Bild davon zu vermitteln, wie mein Standpunkt aussieht und woher meine Erkenntnisse kommen, möchte ich zunächst meine beiden Geschichten erzählen, meine Gefühle und Empfindungen schildern und euch, liebe Leser, in meine Welt abholen. Danach möchte ich in kurzen Kapiteln meine Erfahrungen, verschiedene Ansätze meines Heilungsweges und allgemeine Erkenntnisse und Gedanken zu Freundschaften im Erwachsenenalter teilen.

Prägende, schmerzhafte Ereignisse liefern das Potenzial, zu wachsen und sich selbst besser kennenzulernen. Wenn man diese Perspektive einnimmt, kann man dem Schmerz etwas Positives abgewinnen.

Luisa

Kennt ihr diesen Spruch, der besagt, dass eine Freundschaft für immer hält, wenn sie erst mal die 7-Jahres-Marke geknackt hat?

Luisa und ich hatten diese Hürde längst gemeistert, wir waren schon im neunten Jahr unserer Freundschaft. Gegenseitig ernannte „beste Freundinnen". Und sechs von diesen neun Jahren führten wir sogar schon eine Freundschaft auf Distanz und diese war nicht unerheblich. Viele Kilometer trennen Düsseldorf und Kiel, und trotzdem haben wir es geschafft, immer ein sehr präsenter Teil im Leben des anderen zu sein. Sprachnotizen und Chats machen es möglich sowie der Wille beider, die Freundschaft wirklich am Leben zu halten. Bis einer diesen Willen plötzlich nicht mehr hat …

Aber zum von Anfang: Wir lernten uns in der Zeit unserer jeweiligen Ausbildung kennen, aber Freundinnen wurden wir erst zum Ende hin. Unsere Freundschaft fing an, als die Ausbildung und die Tage in der Berufsschule, in denen man noch etwas mehr Freizeit hatte, vorbei waren. Ein paar Mal haben wir uns gedacht, wie schade das doch eigentlich sei, dass wir uns erst so „spät" gefunden haben, aber vielleicht war es ja auch doch nicht verkehrt, denn so war die Freundschaft irgendwie direkt auf einer „erwachsenen Ebene“.

Ich weiß noch genau, wie es sich angefühlt hat, als Luisa mir sagte, dass sie den Job habe und sie nach Kiel gehe, wo sie kurz darauf auch ihren Partner kennenlernte. Es war, als würde sich alles fügen: Traumjob, Traumtyp, und dass Kiel ihre Traumstadt war, das wusste ich auch schon lange. Ich habe mich einerseits so sehr für sie gefreut und hatte gleichzeitig diesen Stich im Herzen. Nach dem Telefonat mit ihr habe ich meinen damaligen Freund angerufen und bin in Tränen ausgebrochen, weil es mich genauso traurig gemacht hat für mich selbst, wie es mich glücklich gemacht hat für sie. Ich hatte Angst und die Befürchtung, dass die Distanz dafür sorgen würde, dass wir uns aus den Augen verlieren.

Aber ich wurde überrascht, denn es funktionierte. Die Freundschaft wurde vielleicht sogar noch inniger, weil wir beide wirklich wollten, dass es funktioniert. Die nächsten Jahre liefen so unkompliziert und schön, wie eine Freundschaft nur sein kann. Wir waren füreinander da und immer ein Teil des Alltags des anderen. Ich persönlich finde, dass es eine wirklich enge Freundschaft ausmacht, dass man nicht jedes Mal ausholen muss, wenn man gefragt wird, was es Neues gibt, sondern dass man irgendwie immer up to date ist. Und das waren wir.

Wir haben es geschafft, sehr regelmäßig zu telefonieren, haben unzählige Fotos ausgetauscht, Bilder von Klamotten aus der Umkleide mit der Frage, ob man das Teil mitnehmen soll, Nahaufnahmen von unseren Gesichtern, wenn eine von uns gerade mal wieder besonders schlechte Haut hatte, unzählige Fotos von unseren Katzen, selbst gekochten Gerichten oder aus dem Fitnessstudio. Sprachnotizen, in denen wir uns über unsere Partner aufgeregt haben oder uns von der Arbeit oder den kleinsten Kleinigkeiten unseres Alltags erzählt haben. Wir haben einander besucht und auch kleine Trips zusammen unternommen. Wir hatten eine ganze Zeit lang sogar zwei Tage die Woche, an denen wir nur Fremdsprachen miteinander gesprochen haben, um unsere jeweiligen Fähigkeiten zu verbessern, so intensiv war unser Kontakt.

Die Treffen und Wochenenden, die wir miteinander verbracht haben, waren besonders schön, weil wir beide immer so viel Achtsamkeit und Liebe hineingesteckt haben, weil sie eben so selten vorkamen. Wir haben immer etwas ganz besonders Schönes zusammen unternommen, haben uns gegenseitig unsere Lieblingsrestaurants gezeigt, Wellness gemacht, haben endlos beim Frühstück gesessen und gequatscht und auch den einen oder anderen Drink zusammen getrunken und die eine oder andere Nacht zusammen durchtanzt. Wir hatten eine wirklich schöne, enge und innige Freundschaft.

Natürlich gab es auch in dieser Freundschaft kleine Situationen, in denen wir voneinander genervt waren, oder Tage, an denen mal unangenehme Themen besprochen werden mussten, aber sie waren wirklich selten. Rückblickend glaube ich, dass die räumliche Distanz hier zur Harmonie beigetragen hat. Aber es hat funktioniert, und zwar über viele Jahre.

Den ersten Dämpfer gab es knappe eineinhalb Jahre vor dem eigentlichen Ende der Freundschaft. Ich trennte mich zu der Zeit von meinem langjährigen Freund und Luisa konnte aus für sie persönlichen Gründen zu der Zeit meinen Schmerz nicht mittragen und somit nicht für mich da sein. Sie hatte zu der Zeit eigene Kämpfe auszufechten, entschied sich aber erstmals dazu, mich nicht so intensiv wie vorher teilhaben zu lassen, und so kam es zu einer Situation, in der ich mich im Stich gelassen fühlte, ihre Beweggründe nicht nachvollziehen konnte und wir knappe drei Monate keinen Kontakt hatten. Das ist die kurze Zusammenfassung dieser drei Monate, die schlichtweg ein

Kommunikationsproblem waren. Sicherlich habe ich mich in dieser Zeit, in der es mir miserabel ging und mein Leben in einem kompletten Wandel war, nicht perfekt verhalten und war vielleicht auch sehr auf meinen eigenen Schmerz fokussiert. Aber die fehlende Kommunikation ging von ihr aus.

Nach den drei Monaten Funkstille folgte eine Aussprache – volle vier Stunden lang haben wir telefoniert und wir konnten die ganze Sache so klären, dass wir beide zufrieden damit waren. Konnten uns beide entschuldigen, die Entschuldigung es anderen annehmen und als Erfahrung mitnehmen, wie wichtig eine offene und vor allem auch proaktive Kommunikation ist. Gerade aufgrund der Distanz. Wenn man sich nicht mehrmals die Woche sieht, dann entgeht einem vielleicht der Missmut der anderen Person. Dann kann das, was normalerweise ein „Hey, alles gut zwischen uns? Du wirkst gerade irgendwie anders" und ein kleines Gespräch oder Missverständnis ist, zu einer Katastrophe ausarten. Deswegen ist es umso wichtiger zu kommunizieren, wenn etwas nicht passt. Und das haben wir uns versprochen. Damit war die Sache gegessen.

Keine zwei Monate später habe ich Luisa in Kiel besucht und es war, als hätte es die Unterbrechung nicht gegeben. Wir hatten ein großartiges langes Wochenende, haben uns gut verstanden und konnten ohne Probleme da anknüpfen, wo wir aufgehört hatten. Es fühlte sich nach fünf Minuten gemeinsamer Zeit an, als wäre nie etwas gewesen. Das war ein großartiges Gefühl, ehrlich gesagt hat sich das für mich angefühlt, als wäre die Freundschaft jetzt richtig gestärkt und irgendwie unkaputtbar. „Wenn wir das überstanden haben, dann überstehen wir alles" war meine Einstellung. Die Kirsche auf dem Eisbecher dieser Freundschaft war dann noch, wie wunderbar Luisa und ihr Partner sich mit meinem neuen Freund verstanden. Auf einmal machten auch Treffen zu viert richtig viel Spaß – das war in meiner Ex-Beziehung nie zustande gekommen und noch mal ein ganz neues Gefühl, eine Bereicherung für die Freundschaft und noch mal neue Perspektiven für gemeinsame Zeit.

Wenn ich heute mit dem, was passiert ist, und der ganzen Historie ehrlich zurückblicke oder auch andere Freundinnen frage, dann habe ich vielleicht das (sicherlich subjektive) minimale Gefühl, immer ein kleines bisschen mehr gegeben zu haben, vielleicht immer ein bisschen mehr gemacht zu haben, als zurückkam. Ein bisschen mehr reingesteckt zu haben als das, was ich rausbekommen habe. Und ich könnte mir nun vorstellen, dass das vielleicht das war, was die Freundschaft am

Leben gehalten hat. Es ist keinesfalls so, dass ich nichts aus der Freundschaft gezogen hätte. Aber eine meiner großen Schwächen, an der ich damals noch nicht so intensiv gearbeitet habe, wie ich es heute tue, ist das *People Pleasing.* Dies ist das Bedürfnis, es allen recht machen zu wollen, und die Angst, nicht zurück geliebt zu werden, wenn ich mich zurücknehme, nicht immer sofort ans Handy springe, wenn eine Nachricht kommt, oder wenn ich vielleicht auch einfach mal nicht die emotionale oder zeitliche Kapazität habe, uneingeschränkt auf alles einzugehen. People Pleasing ist ein Thema, auf das ich in den folgenden Kapiteln noch separat eingehen möchte, weil ich glaube, dass es viele Menschen, vor allem viele Frauen betrifft.

Denn wenn ich heute auf die Ereignisse der Freundschaft mit Luisa zurückschaue, dann ist sie zerbrochen, als ich gerade mal keine Kapazitäten hatte, auf jede Sprachnotiz zu antworten, weil mein Leben um mich herum in Scherben zersplittert ist und ich zu sehr damit beschäftigt war, diese zusammenzukehren und mir ein neues Leben aufzubauen.

Als Person, die ihr Herz tendenziell (ein bisschen zu sehr) auf der Zunge trägt, habe ich alles, was ich durchmachte, offen kommuniziert. Vielleicht bin ich für mein Gegenüber dadurch manchmal ein bisschen viel, aber man kann mir nicht vorwerfen, dass ich nicht kommunizieren würde. Meine beste Freundin kannte natürlich meinen Schmerz. Sie wusste, was ich gerade durchmache, was mich beschäftigt und wie es mir geht. Die vielen kleinen Teilchen – ich habe sie zu dieser Zeit auch gebraucht, denn wenn alles um einen herum zerbröselt, dann ist die beste Freundin der Fels in der Brandung und eine Konstante, auf die man sich verlassen kann (oder können sollte), in dem tiefen Vertrauen, dass die eigenen Geheimnisse hier gut aufgehoben sind und in dem unbeständigen Wissen, dass sich diese „Belastung" wieder ausgleicht, wenn es der anderen Partei mal nicht so gut geht und du dafür zum Fels und zum Anker wirst.

Aber scheinbar hat dieses Vertrauen, auf das ich mich in einer Zeit des Umbruchs gestützt habe, im Falle unserer Freundschaft nicht ausgereicht.

Es waren ungefähr zwei Wochen, in denen ich aktiv wahrgenommen habe, dass etwas anders ist. Zwei Wochen, die mir komisch vorkamen, in denen ich Distanz wahrgenommen habe, der ich aber zunächst keine große Bedeutung zugesprochen habe. Denn so etwas ist eben manchmal da, es ist auch normal und natürlich, dass jeder mal seine eigenen

Fokusthemen und nicht so viel Luft für alles andere nebenher hat.

Bis ich dann eines Freitagmorgens im Februar, noch im Dämmerlicht des frühen Tages, auf den Parkplatz eines Supermarktes gefahren bin.

Zur Erinnerung: Luisa wechselte vor einigen Jahren ihren Job und zog nach Kiel. Da sich aber der Hauptsitz der Firma, für die sie arbeitet, in Düsseldorf befindet und sie diesen manchmal besucht, gab es also durchaus Gelegenheiten, bei denen wir uns zum Mittagessen oder auf einen Drink nach Feierabend verabreden konnten, wenn der Kalender es zuließ. Das passte nicht immer, aber das war auch immer okay. Mir war auch immer bewusst – und es war eine ausgesprochene Tatsache, für die ich bis heute volles Verständnis habe – dass Luisa nicht jedes Mal, wenn sie die Heimat besuchte, Zeit für mich aufbringen konnte. Neben der Arbeit warten in NRW die Familie, Großeltern, andere Freunde und soziale Verpflichtungen auf sie. Aber selbstverständlich wusste ich bei jeder Gelegenheit Bescheid, dass sie in der Nähe war. Oft haben wir zum Beispiel dann ihre lange Autofahrt für ein ausgedehntes Telefonat genutzt.

An diesem Februarmorgen war es allerdings anders. Als ich noch müde und ohne Brille oder Kontaktlinsen über den Parkplatz lief, dachte ich: „Die kennst du doch." Und dann sah sie mich auch. „Ach hey, Brudi" (unser gegenseitiger, langjähriger Spitzname füreinander). Es war ihr sichtlich unangenehm und mir ehrlich gesagt auch. Heute bereue ich vielleicht ein kleines bisschen, dass ich nicht den Mumm hatte zu fragen, was zur Hölle sie denn hier macht, aber damals war ich so vor den Kopf gestoßen, dass ich kaum ein Wort rausbrachte. Sie erzählte kurz, dass sie jemanden verabschieden, was die Pflanze und das Geschenk erklärte, die sie mit sich um trug, und dass sie vorher ihre Großeltern besucht hatte. Ich habe ehrlich gesagt kaum zugehört, denn in meinem Hinterkopf ratterte es bereits, 1000 Fragen schossen mir durch den Kopf und ich war unglaublich verunsichert. Ich fühlte mich in die Situation zwei Jahre zuvor zurückversetzt, in der unsere Freundschaft erst so einen Knacks und dann gerade noch die Kurve bekommen hatte, und wusste nicht, wie ich nun mit dieser Situation umgehen sollte. Von meiner Seite aus war nichts vorgefallen, ich bekam aber mehr und mehr den Eindruck, dass das auf Luisas Seite anders aussah. Nach einem Arbeitstag, an dem ich mich kaum konzentrieren konnte, nahm ich noch auf dem Parkplatz mein Handy zur Hand und eine Sprachnotiz für sie auf.

„Hey du, wir haben uns doch damals versprochen, dass wir uns immer sagen, wenn uns etwas vor den Kopf stößt, damit so etwas wie vor zwei Jahren nicht mehr passiert. Ich habe das Gefühl, bei dir ist irgendetwas und habe mich heute sehr vor den Kopf gestoßen gefühlt, weil du plötzlich da warst, ohne mich zu informieren. Deswegen spreche ich es jetzt direkt an, damit sich nichts aufstaut."

Doch dafür war es scheinbar schon zu spät. Ein paar quälend lange Tage später kam die Antwort als Textnachricht:

Hi Brudi,

Ich verstehe deine Wahrnehmung und für mich hat es sich ähnlich angefühlt.

Ich habe das Gefühl, dass ich von unserer Freundschaft nicht mehr so zehre und mich dadurch zurückziehe.

Ich fühle mich oft eher verpflichtet, mich zu melden, und ich erkenne auch, dass ich mich selten proaktiv melde, sondern meistens auf deine Nachrichten reagiere. Ich fühle mich selten danach, dir etwas erzählen oder mich melden zu wollen. Dazu gehören auch Planung wie Wochenenden oder Urlaube – während das damals noch unser Ding war, einmal mindestens einen Mädels-Trip zu machen – und auch bei Wochenendplanungen, ob bei mir oder im Rheinland, ist es nicht mehr meine Priorität.

Es fühlt sich für mich ebenfalls an wie vor zwei Jahren und ich denke, dass es eine ähnliche Situation ist. Ich hatte zu der Zeit ähnliche Gedanken und es gab auch verschiedene konkrete Punkte dafür. Jetzt ist es weniger konkret, aber das gleiche Gefühl. Ich möchte dir gar nicht vorwerfen, dass du etwas falsch machst oder Ähnliches. Es ist etwas, was ich fühle und gar nicht mehr konkret festmachen kann.

Ich schätze total, was war, nur gerade harmoniert unsere Freundschaft für mich gefühlt nicht und daher ziehe ich mich zurück. Es tut mir leid, dass ich damit jetzt so um die Ecke komme, nachdem du mich erst darauf ansprichst. Ich trage es schon lange mit mir und denke, du konntest spüren, dass was ist.

Bis heute, fast 12 Monate später, bin ich schockiert und verletzt davon, wie distanziert und wenig emotional diese Nachricht formuliert ist. Aber damals, in diesem Moment, hat sie mir schlicht das Herz gebrochen. Tränen stiegen mir in die Augen,

Unverständnis machte sich in meinem ganzen Körper breit und die guten alten Anzeichen einer Panikattacke kribbelten langsam durch meinen Körper. Ich war in dem Moment allein, hatte aber das Glück, dass eine gute Freundin, die in die Situation bereits eingeweiht war und im Nachbarhaus wohnte, keine zwei Minuten nach meiner Nachricht „Hey, kannst du mal kurz hochkommen?“ vor meiner Wohnungstür stand. „Luisa?“, fragte sie nur, aber ich brach an ihrer Schulter direkt wieder in Tränen aus und drückte ihr mein Handy zum Lesen der Nachricht in die Hand. Ich war dankbar, dass kurz jemand da war, bei dem ich schwach sein und mich ausweinen konnte, weil ich doch sonst so oft der starke Anker für andere Personen bin.

Wir redeten noch eine Weile darüber, die unverständlich das Ganze doch war, wie kühl und distanziert und abgedroschen, wie nichtssagend die Formulierungen waren und ich eigentlich gar nichts damit anfangen konnte, gar nicht wusste, was sie meint. Natürlich war die erste Reaktion auf diese Ablehnung sehr emotional und wenig rational. Doch je mehr und je intensiver ich über den Inhalt dieser Nachricht nachdachte und bis heute nachdenke, desto weniger kann ich damit anfangen. Ich weiß schlichtweg bis heute nicht, was das Problem war, was vorgefallen ist und warum Luisa nicht mehr mit mir befreundet sein wollte. Diese Unwissenheit ist im Verarbeitungsprozess für mich mit das Schlimmste und deswegen eines der Themen, auf die ich gesondert noch mal eingehen möchte.

Ich antwortete ihr damals auf die Nachricht mit einer Sprachnotiz, in der meine Emotionen, meine Verletzung und mein Entsetzen deutlich hörbar waren, bekam aber nur noch wenige, ebenso distanzierte und nichtssagende Antworten. In der letzten Nachricht schrieb sie, dass ich immer einen Platz ihrem Herzen haben werde, es aber gerade so für sie nicht funktioniere, aber da kaufte ich ihr das mit dem Platz im Herzen schon nicht mehr ab. Mein Unverständnis überwog alles andere, ich stellte für den Moment die ganze Freundschaft infrage, nahm alles als unehrlich und gespielt wahr und konnte nicht begreifen, wieso sie sich nicht dafür einsetzen wollte, dass eine so langjährige Freundschaft erhalten bleibt und gekittet wird, sondern sie (mich) einfach wegwirft. Ich war traurig, sauer und fühlte mich im Stich gelassen. Nach außen hin erzählte ich denen, die mich fragten, dass ich mit „jemandem, der mich nicht in seinem Leben haben möchte", nichts zu tun haben wollte, aber innerlich war ich für eine ganze Weile zerbrochen. Ich traute mich nur nicht, darüber offen zu sprechen, weil ich mich nicht schwach, abhängig oder angreifbar machen wollte. Ich weinte viele einsame Tränen und gab mich nach außen hin stark. Von Luisa hörte ich bis heute nie wieder etwas, nicht einmal zum Geburtstag, der knapp drei Monate nach dem Kontaktabbruch stattfand, gratulierte sie mir. Bis zu diesem Tag hatte ich noch täglich die Hoffnung, dass eine Nachricht kommt, sie mich vielleicht genauso vermisst, wie ich sie in meinem Alltag vermisse, und dass sie spätestens den Geburtstag als Aufhänger nehmen würde, um sich zu melden. Als nichts kam, war ich wieder schockiert und traurig, nun aber auch noch hoffnungslos.

Bis heute denke ich mehrmals täglich an Luisa, wenn auch anders als noch vor ein paar Monaten. Sie war so lange so fester Bestandteil meines Alltags, dass ich mich frage, ob ich jemals aufhören werde, an sie zu denken. Ich frage mich auch immer noch oft, ob sie sich wohl jemals noch mal bei mir melden wird, weiß aber inzwischen genau, dass das Kapitel unserer engen Freundschaft definitiv geschlossen ist.

Wirklich weitermachen, wirklich nach vorn schauen können wir erst dann, wenn wir dafür bereit sind, auch wenn wir den Grund für das Ende der Freundschaft nicht kennen und es trotzdem schaffen, Frieden damit zu schließen.

Valerie

Valeries und meine Geschichte unterscheiden sich sehr von der mit Luisa, aber obwohl das Ende der Freundschaft so anders war, war es nicht weniger schmerzhaft. Ich würde sogar sagen, dass es mich auf eine gewisse Art und Weise noch mehr beschäftigt hat und mich weiterhin nachhaltiger beschäftigt.

Um euch kurz abzuholen: Valerie und ich haben uns schon seit unserer Abi-Zeit sehr gut verstanden. Wir hatten eine richtige Teenie-Freundschaft. Jungs-Geschichten, Liebeskummer, gemeinsame Lachanfälle in der Schule, die so lange andauerten, dass wir aus dem Unterricht flogen. Wir haben uns gemeinsam mehr schlecht als recht durch das Abitur geholfen (oder uns auch einander davon abgehalten, ordentlich zu lernen). Wir sind sogar zusammen mit dem Bus 14 Stunden lang nach London gefahren, das war in unserem jungen Alter einer der ersten Städtetrips und daher etwas ganz Besonderes, das wir zusammen erlebt haben. Wir haben nach der Schule stundenlang miteinander telefoniert und als wir endlich unseren Führerschein und jede ihr eigenes kleines Auto hatten, haben wir uns nach der Schule im Einkaufszentrum getroffen, haben uns einen Starbucks-Milchshake gekauft und sind durch die Läden gebummelt. Wir haben unzählige Restaurants und Clubs zusammen unsicher gemacht, beieinander übernachtet, hatten Insiderwitze, die niemand lustig fand, bei denen wir aber kaum noch Luft bekommen haben vor Lachen, und ich würde sagen, es gibt bis heute einige Geheimnisse von mir, die nur Valerie kennt, und ich bin mir relativ sicher, dass es andersherum genauso ist.

Auch nach der Schulzeit, als wir nicht mehr den Großteil unseres Tages miteinander verbrachten, blieb unsere Freundschaft unbeirrt fester Bestandteil unseres Lebens. Wir fingen beide eine Ausbildung an, und ein wenig eigenes Budget, neben dem, was wir vorher schon durch unsere Nebenjobs verdient hatten, bereicherte unsere Aktivitäten natürlich noch mal mehr. Wir haben uns eine sehr lange Zeit eigentlich jedes Wochenende gesehen und waren immer auf dem Stand, was bei dem anderen los ist,. Ich kann hier natürlich nur für mich sprechen, aber mir hat es unheimlich viel bedeutet, auch damals schon, dass unsere Freundschaft diese vielen Veränderungen immer überstanden hat und wir uns nie vernachlässigt haben.

Wir waren dabei, als wir jeweils in unsere erste eigene Wohnung gezogen sind, wir haben alles miteinander mitgemacht und miterlebt und waren immer füreinander da. Valerie war für mich immer ein selbstverständlicher, fixer Bestandteil meines Lebens. Immer verlässlich, ich wusste ausnahmslos immer, dass ich mich auf sie verlassen kann, wenn es mir schlecht ging und ich hoffe, dass sie andersherum dasselbe behaupten würde.

Was jetzt hier sehr Gold und glitzernd gemalt ist, war selbstredend, wie auch die Freundschaft mit Luisa und jede andere Freundschaft, eine normale zwischenmenschliche Beziehung zwischen zwei jungen Frauen. Deswegen werde ich nicht so tun, als hätten wir uns nicht manchmal angezickt, wären genervt voneinander gewesen oder hätten auch mal Wochen und Themen gehabt, wo es vielleicht nicht uneingeschränktes Verständnis für die Meinung des anderen gab. Aber ich empfinde so etwas nicht unbedingt als Einschränkung einer Freundschaft, sondern denke eher, dass es sie echt macht.

Eine zwischenmenschliche Beziehung, egal welcher Natur, und vor allem auch eine enge Freundschaft kann meiner Meinung nach nicht immer nur schön, harmonisch und lustig sein. Wir sind alle nur Menschen, wir haben alle Traumata erlitten, wir tragen alle unsere kleinen Wunden in uns, die von unterschiedlichen Situationen getriggert werden und sich zeigen. Wir haben alle unterschiedliche Werte, Meinungen, Hochs und Tiefs und das alles hat seine Berechtigung, aber es hat auch zur Folge, dass wir manchmal aneinandergeraten. Die Kunst besteht, finde ich, darin, sich wieder zusammenzuraffen und genug Verständnis und Liebe für den anderen aufzubringen, um empathisch zu sein, aber gleichzeitig genug Selbstwert zu besitzen, seinen eigenen Werten treu zu bleiben. Wenn die andere Partei dann ebenfalls genug Empathie aufbringt, um zu akzeptieren, dass Meinungen vielleicht voneinander abweichen, dann entsteht eine ehrliche, echte Freundschaft.

Valerie und ich hatten so eine Freundschaft, und egal ob wir uns mal genervt haben, wir haben uns immer wieder zusammengerafft und uns grundsätzlich auch sehr selten gestritten. Unsere Freundschaft dauerte insgesamt fast 15 Jahre an – das ist mein halbes Leben! Mir das so auf der Zunge zergehen zu lassen fühlt sich unglaublich an und versetzt mir nach wie vor einen Stich, der weh tut, weil ich bis heute der Meinung bin, dass unsere Freundschaft eigentlich nicht zu Ende sein muss.

Ich tue mich sehr schwer damit zu beschreiben, was zwischen Valerie und mir vorgefallen ist. Ich habe sämtliche Chats und einige meiner Tagebucheinträge gelesen und komme zu dem Schluss, dass es hier eigentlich gar nicht wichtig ist, dass ihr das genaue Geschehen kennt und wisst, wer was wann geschrieben hat. Wichtig ist eigentlich nur die Message, die dahintersteht: wie unglaublich wichtig und unerlässlich eine offene, ehrliche, direkte und gute Kommunikation ist.

Unsere Freundschaft endete aufgrund eines Missverständnisses, das eigentlich so banal ist, dass es mit zwei Sätzen oder einem zweiminütigem Telefonat aus der Welt gewesen wäre. Das ist zumindest meine Auffassung der Dinge und auch hier kann ich nur meine subjektive Sicht der Ereignisse schildern, weil es keine richtige Aussprache gegeben hat.

Valerie hatte vor etwa eineinhalb Jahren den Eindruck, ich hätte sie nicht zu meinem 30. Geburtstag eingeladen. Ich hatte kurzfristig umgeplant, was die Feier anging, und die Runde verkleinert. Es haben sich einfach zwei Informationsflüsse überschnitten, denn natürlich wollte ich sie dabeihaben und einladen. Ich verstehe bis heute absolut, wie dieses Missverständnis bei ihr entstehen konnte und warum sie in diesem Glauben war, ich wäre es an ihrer Stelle auch gewesen. Ich will mich hier nicht als das einzige Opfer darstellen, zu solchen Situationen gehören meistens zwei und ich habe mich hier nicht perfekt verhalten! Hätte sie mich damals angesprochen, mir gesagt, wie sie sich fühlt und wie das bei ihr ankam, wäre die Sache sofort aus der Welt gewesen. Sie hat mir aber unter einem Vorwand abgesagt und ich habe dementsprechend überhaupt nicht mitbekommen, dass ihr irgendetwas sauer aufgestoßen war. So meldete ich mich kurz darauf per Textnachricht bei ihr, weil ich sie an meinem Geburtstag ehrlich vermisst hatte. Was eine liebevolle Kontaktaufnahme sein sollte, endete ganz anders. Sie antwortete mir, sie wollte telefonieren und darüber sprechen. Dieses Telefonat fand aus Zeitmangel dann aber nicht statt und ich hörte drei Monate lang nichts von ihr. Das hatte es noch nie gegeben. Ich war verwirrt, verletzt, fühlte mich abgekapselt und war sehr traurig. Ich habe meine Freundin vermisst und nicht verstanden, warum sie auf einmal nicht mehr da war oder vielmehr nicht mehr da sein wollte.

Dann ist etwas passiert, was sich auch heute noch wie ein Schlag in die Magengrube anfühlt. Es war inzwischen August und es waren ca. drei Monate seit meinem Geburtstag und unserem letzten Kontakt vergangen und das Thema beschäftigte mich nach wie vor jeden einzelnen Tag. Ich hatte mit meinem Partner und mit anderen guten Freundinnen darüber gesprochen und trotzdem keine Ahnung, was los war, oder wie ich mich verhalten sollte. Ich schwebte immer noch in Wartestellung, weil sie sich doch eigentlich hatte melden wollen. An einen Abschluss war also nicht zu denken und eigentlich wollte ich auch gar keinen Abschluss. Ich wollte meine Freundin zurück. Dann öffnete ich eines Tages Instagram und klickte mich durch die Stories verschiedener Leute, Influencer, ehemalige Klassenkameraden, bekannte Leute, unbekannte Leute und auf einmal setzte mein Herz einen Schlag aus. Da war ein Foto von Valerie, mit zwei engen Freundinnen von ihr in einem Brautladen. Valerie in der Mitte, links und rechts die lächelnden Gesichter der beiden anderen. Darüber ein Instagram Story Sticker: „Team Bride". An ihrer Hand ein Verlobungsring. Wow. Das hat gesessen und sitzt bis heute. Die Person, von der ich immer dachte, ich werde ein wesentlicher Teil ihrer Hochzeit, bei der ich die ganze Beziehung zu ihrem Partner miterlebt habe, bei Streitigkeiten mitgelitten und mich bei großen Schritten mit gefreut habe, hat sich verlobt und offensichtlich war es ihr kein Bedürfnis, es mit mir zu teilen. Sie wollte es mir nicht erzählen, mich nicht bei ihrer Brautkleid-Auswahl dabeihaben, nicht mit mir feiern.

Dieses Ereignis hat mich veranlasst, selbst noch mal den Kontakt zu ihr zu suchen. Ich habe mich hingesetzt und eine lange Nachricht geschrieben, in der ich meine Gefühle offengelegt und ehrlich kommuniziert habe, wie es mir ging. Sie hat mir genauso ehrlich geantwortet. Wir konnten aus diesem Gespräch das Missverständnis um meinen Geburtstag aufklären, ich habe hier erstmals überhaupt verstanden, was eigentlich los war! Sie hat mir außerdem gesagt, dass sie die Freude über ihre Verlobung nicht mit einem schwierigen Gespräch dämpfen wollte. Noch mal wow. Das war zwar ehrlich, tat aber sehr weh, auch wenn sie sich dafür entschuldigte und einsah, dass ihr Verhalten nicht fair war. Wir tauschten ein paar lange, ehrliche Nachrichten aus und schienen eigentlich auf einem guten Weg zu sein. Bei uns beiden stand noch ein Urlaub an, und wir machten aus, alles erst mal sacken zu lassen und uns Ende September zusammenzusetzen, um über alles zu sprechen und (in meiner Auffassung) wieder zueinanderzufinden. Ende der Geschichte. Ghosting Teil 2, denn ich war inzwischen, als der September zu Ende ging und wieder keine Kontaktaufnahme erfolgte, inzwischen ermüdet und nicht mehr nur traurig, sondern auch sauer. Ich habe es nicht eingesehen, noch ein drittes Mal den ersten Schritt zu machen. Ich war den ersten Schritt gegangen, ich hatte mich verletzlich gezeigt, war ehrlich, offen, hatte mich entschuldigt und mehrfach geäußert, dass ich es wieder hinbekommen wollte und wie wichtig mir die Freundschaft war. Es war scheinbar an der Zeit einzusehen, dass diese Gefühle nicht erwidert wurden.

Jedoch fiel es mir nach unserem letzten Kontakt sehr schwer, das zu verstehen und ich konnte es schon wieder nicht greifen. Warum passierte das denn jetzt schon wieder? Aber Fakt ist, es passierte nichts mehr und ich war zu stolz oder hatte zu viel Selbstachtung – je nachdem wie man es drehen will – um noch mal den ersten Schritt zu gehen und mich erneut zu melden. Aufdrängen wollte ich mich dann auch nicht. Ich versuchte in die Akzeptanz zu gehen, mir zu verinnerlichen, dass ich Menschen nicht in meinem Leben brauche, wenn sie kein Teil davon sein möchten, und ich keine Nähe erzwingen kann. Jedoch muss ich ehrlich zugeben, dass es mir extrem schwerfiel.

Einen richtigen Abschluss habe ich hier bis heute nicht gefunden, auch wenn ich mich mit dieser neuen Realität, in der diese Verbindung nicht mehr existiert, arrangiert habe und mich in ihr zurechtfinde, einen neuen Platz gefunden habe. Es gibt eigentlich keinen Tag, an dem ich nicht an Valerie, unsere Freundschaft oder Situationen, die mich an etwas dazu erinnern, denken muss. Ich bekam mit, dass ihr Junggesellinnenabschied stattfand, und obwohl viele Monate vergangen sind, saß ich an dem Wochenende weinend zu Hause und war traurig, dass ich nicht dabei war. Ich fragte mich, ob sie mich vermisst, ob sie mich vielleicht gerne dabeihätte, ob sie ein bisschen Wehmut empfindet oder einfach nur einen guten Tag hat und überhaupt nicht an mich denkt.

Ich bekam mit, dass am Wochenende ihre standesamtliche Hochzeit stattfand und rang mich dazu durch, mich noch einmal zu melden. Ich schluckte meinen Stolz für einen Moment runter und formulierte eine Nachricht:

Liebe Valerie,

Instagram tut natürlich oft seinen Job, auch wenn man sich nicht mehr gegenseitig folgt. Ich möchte dir morgen einen tollen Tag, eine schöne Hochzeit und dir eine von Liebe & Erfüllung, Gesundheit & Glück geprägte Zukunft mit Niko wünschen.

Ihr habt einen langen Weg hinter euch, von dem ich zwar kein Teil mehr bin, den ich aber doch lange begleitet habe, und ich freue mich von Herzen für euch und vor allem für dich, dass es nun so eingetreten ist, wie du es dir immer gewünscht hast.

Ein Teil von mir ist immer noch traurig, dass es zwischen uns beiden so ist, wie es ist, und dennoch hoffe ich, dass ihr glücklich seid, und wünsche euch nur das Allerschönste.

Liebe Grüße

Linda

Ich meinte jedes Wort dieser Nachricht genau so, wie ich es schrieb. Dennoch waren daran leise Hoffnungen geknüpft, dass dieser Chat ein Aufkeimen dieser Freundschaft sein könnte – wie eine Zimmerpflanze, die überwintert, und in dem Moment, in dem man denkt, man könnte sie wegwerfen, sprießt ein neuer Keim aus dem Topf. Die Antwort folgte ein paar Tage später, ein Hochzeitsfoto von einem Event, das ich verpasst hatte und ein kurzer Text:

Liebe Linda,

vielen Dank für deine lieben Wünsche und Worte. Habe mich sehr über die Nachricht gefreut und weiß es zu schätzen, dass du dich gemeldet hast. Am Samstag war unsere standesamtliche Trauung, wir hatten einen wunderschönen Tag! Und jetzt genießen wir erst mal zwei Wochen Urlaub in Griechenland. Ich hoffe natürlich auch sehr, dass es dir gut geht und du glücklich bist!

Eine liebe Nachricht, die mich traurig stimmt, weil ich wieder sehe, dass es doch eigentlich kein böses Blut zwischen uns gibt, die mir aber auch ganz deutlich zeigt, dass sie kein Interesse an weiterem Kontakt hat, denn sie stellt mir keine Frage. Ich antwortete trotzdem, aber es verlief im Sand und ich erkannte die Botschaft, konnte sie aber nicht richtig annehmen, weil mir das Verständnis fehlte. Es fühlte sich so sinnlos und so unnötig an. Aber wie es so ist, sind wir alle Gewohnheitstiere, wie man so schön sagt. Und ich gewöhnte mich an die Situation, aber kam nie mit ihr ins Reine.

Im Verlauf des Jahres bekam ich mit, dass die kirchliche Hochzeit der beiden stattfand, aber ich wusste inzwischen besser damit umzugehen.

Ich bekam mit, dass Valerie eine Yogalehrerausbildung gemacht hatte und sie damit mein größtes Hobby teilte. Es zeigte mir, dass sich eigentlich nichts geändert hatte, wir immer noch die gleichen waren und uns wahrscheinlich immer noch genauso gut verstehen, aber wir tun es eben nicht mehr. Wir sind kein Teil mehr des anderen. Ich weiß nicht mehr, wie es auf der Arbeit läuft, bekomme nur noch die Xing-Benachrichtigung, wenn sich der Titel ändert. Ich weiß nicht, ob sie im siebten Ehehimmel schwebt oder manchmal genervt von ihrem Mann ist, weil er nicht aufgeräumt hat oder zu spät von der Arbeit kommt. Ich weiß nicht, wie sie ihre Feierabende und Wochenenden verbringt. Ich bin ihr noch nicht einmal zufällig auf der Straße in der Stadt begegnet und ich wüsste auch gar nicht, wie ich mich verhalten sollte, wenn es so käme. Denn obwohl sie einer der Menschen ist, die mich am besten kennen, und ein Mensch, den ich einmal sehr gut kannte, sind wir nun Fremde.

Die Kunst einer Freundschaft besteht, darin, sich nach schwierigen Phasen wieder zusammenzuraffen und genug Verständnis und Liebe für den anderen aufzubringen. Dabei ist es wichtig, empathisch zu sein, aber gleichzeitig die eigenen Werte zu bewahren. Wenn die andere Partei dann ebenfalls genug Empathie aufbringt, um zu akzeptieren, dass Meinungen vielleicht voneinander abweichen, dann entsteht eine ehrliche, echte Freundschaft.

Damit ist meine Geschichte erzählt, auch wenn es nur ein klitzekleiner Teil von mir und meinem Leben ist. Auch nur ein kleiner Teil von zwei Freundschaften, denn es ist mir unglaublich schwergefallen, zu Papier zu bringen, wie wichtig diese Personen für mich waren und welchen Teil sie einmal in meinem Leben eingenommen haben, um dann die Auswirkungen der nicht mehr existenten Freundschaft auf mich zu beschreiben. Auch wollte ich die beiden nicht zu negativ darstellen, denn mir ist absolut bewusst, dass die Perspektive, würde man sie jeweils fragen, eine komplett andere wäre. Vielleicht wäre dann Reue da, vielleicht würde ich auch in einem komplett anderen Licht dastehen als das, in das ich mich selbst gestellt habe. Mir war wichtig, mich nicht in der Opferrolle zu sehen, aber trotzdem meinen Schmerz und meine Verletzung zu zeigen. Trotzdem zu zeigen, dass ich in gewisser Weise das Opfer bin, genauso wie ich ein Täter bin.

Während ich das schreibe, habe ich Angst, dass andere es lächerlich finden könnten, habe Angst, dass Luisa und Valerie vielleicht eines Tages diese Seiten lesen und sich lustig über mich machen, oder sich fragen, wie jemand eine so verzerrte Wahrnehmung haben kann. Kurz gesagt, ist das Aufarbeiten dieser Geschichten für mich mit einer Unsicherheit verknüpft, von der ich weiß, dass ich sie wahrscheinlich niemals ganz auflösen kann. Aber ich bin bereit zu akzeptieren, dass es andere Perspektiven und andere Meinungen als meine eigene geben wird und das ist okay. Denn das war und ist ein großes, andauerndes Lernen in meinem Heilungsprozess. Ich muss nicht jedem gefallen. Ich kann nicht von jedem gemocht werden. Ich kann es verdammt noch mal nicht jedem recht machen und das ist okay. Und deswegen bringe ich den Mut auf, diese Seiten zu schreiben und sie der Welt zu zeigen. Ich möchte der Welt nicht zeigen, wie toll ich bin, dass ich das, was mir passiert ist, überstanden habe. Ich möchte damit nicht jedem gefallen und ich möchte auch nicht als Opfer gesehen werden. Ich möchte meine Geschichte erzählen, aus der Perspektive einer ganz normalen jungen Frau, der zwei Mal das Herz gebrochen wurde und die sich irgendwie davon erholt hat. Ich wünsche mir, dass es nur eine andere junge Frau gibt, der etwas Ähnliches passiert ist und die aus diesen Seiten ein bisschen Hoffnung schöpfen kann, die sich beim Lesen ein bisschen mehr verstanden fühlt, ein bisschen weniger allein. Wenn das der Fall ist, hat sich jede getippte Seite gelohnt.

Egal was du durchmachst, du bist auf keinen Fall allein damit!

DON'T TAKE ANYTHING PERSONALLY

Nothing others do is because of you.

What others say and do is a projection

Of their own reality, their own dream.

When you are immune to the opinions

And actions of others,

You won't be the victim of needless suffering.

Welche Trennung tut mehr weh?

Tut es mehr weh, jemanden zu verlieren und zu wissen warum, oder ist es schmerzhafter, wenn man nicht weiß, warum der andere dich nicht mehr in seinem Leben will?

Diese Frage habe ich mir ständig gestellt. Was tut jetzt eigentlich mehr weh? Innerhalb eines Jahres endeten zwei der intensivsten Freundschaften meines Lebens, zwei der langjährigsten Begleiterinnen meines bisherigen Lebensweges sind einfach weg, beide irgendwie von heute auf morgen, wenn auch auf unterschiedliche Art und Weise. Bei Valerie weiß ich, warum wir auseinandergegangen sind, jedoch weiß ich auch, dass es sich eigentlich um eine Lappalie handelte, die einfach und ohne viel Aufwand hätte geklärt werden können. Bei Luisa weiß ich überhaupt nicht, was passiert ist und habe mir die wildesten Szenarien ausgemalt, von „Sie hat bestimmt was mit meinem Ex-Freund" über „Ich habe irgendetwas gemacht, das sie verletzt hat und es nicht gemerkt" hin zu „Vielleicht ist sie todkrank und will niemanden damit belasten". Jedoch hat mein Gehirn krampfhaft nach einem Grund gesucht und das hat mich lange genauso sehr belastet, wie zu wissen, dass das mit Valerie eigentlich leicht hätte geklärt werden können.

Die Antwort auf die Frage, wer mir mehr fehlt oder wessen Abwesenheit mich mehr schmerzt, wen ich lieber wieder zurück hätte, änderte sich vor allem in den ersten Monaten fast täglich.

Es war leichter, wütend auf Luisa zu sein, weil ich so überhaupt nicht verstanden habe, warum sie die Freundschaft beendet hatte. Dann aber wieder war mehr Wehmut Valerie gegenüber da, weil es doch eigentlich so unnötig war, dass wir den Kontakt verloren hatten.

Die Grundfrage, die sich hier stellt, kennen viele aus romantischen Beziehungen. Tut es mehr weh, jemanden zu verlieren, wenn man weiß warum, aber der Grund schmerzt? Oder tut es mehr weh, total im Dunkeln zu sein?

Meine Antwort, jetzt, da ich etwas Abstand und den direkten Vergleich habe, lautet: Es tut gleich doll, aber anders weh.

Letztendlich ist der Grund egal, denn wenn eine Beziehung, welcher Natur auch immer, zu einem Menschen, den wir lieben, endet, dann tut das immer weh. Es wird immer Tage geben, an denen wir besser damit klarkommen, und Tage, an denen wir vor Kummer nicht wissen, wohin mit uns. Dann wieder Tage, an denen wir wütend sind, und Tage, an denen es sich etwas leichter anfühlt.

Ich dachte anfangs immer, es würde mir helfen, mit der Freundschaft zu Luisa abzuschließen, wenn sie mir den Grund für ihr Ende nennen würde. Heute, mit etwas Abstand und wo ich schon ein bisschen fortgeschritten in meinem eigenen Abschlussprozess bin, glaube ich, dass ich den Grund überhaupt nicht mehr hören wollen würde. Weil es mich nur wieder neu aufwühlen würde und ich letztendlich gar nicht weiß, ob es mir beim Abschließen helfen oder mich nur weiter verletzen würde.

Das Einzige, was ich inzwischen sagen würde, ist, dass ohne Grund abzuschließen endgültiger ist. Wobei das wahrscheinlich auch abhängig vom Grund ist (Es ist sicherlich einfacher, wieder zueinanderzufinden, wenn es sich um ein Missverständnis handelt, wie es bei Valerie und mir der Fall war, als wenn man belogen oder betrogen wurde – wie gesagt, spreche ich hier aus meiner eigenen Erfahrung). Aber für meine Situation unterschreibe ich es so.

Es ist ein abgedroschener Spruch, den jeder von seiner Mutter kennt, aber Mütter haben eben auch viel Lebenserfahrung und deswegen häufig recht mit dem, was sie sagen – deswegen muss ich es hier auch bringen, weil es einfach meiner eigenen Erfahrung entspricht: Es tut weh, aber es wird besser. Es wird leichter, egal ob du weißt, warum es vorbei ist oder nicht. Und der einzige Weg, den Schmerz zu überstehen, ist, durch ihn hindurchzugehen. Darauf gehe ich in anderen Kapiteln noch intensiver ein, aber ich möchte jedem, der das liest, mitgeben, dass es okay ist, um eine Freundschaft, die endet, zu trauern. Es macht dich keinesfalls schwach, es hilft dir, mit dem Verlust fertigzuwerden.

Es tut vielleicht gerade weh, aber es wird wieder besser. Es ist völlig normal, bei allem, was wir verarbeiten, Wellen der Wut, der Trauer und des Frustes zu empfinden. Nur weil es in Wellen kommt, heißt das nicht, dass du keine Fortschritte machst!

Perspektive

Ich bin ein Mensch, der das Herz schon immer eher auf der Zunge getragen hat. Damit können sich nun wahrscheinlich nicht alle, die das hier lesen, identifizieren, denn es gibt auch Menschen, die von Natur aus Dinge eher mit sich selbst ausmachen. Die schwierige Situationen, Schicksalsschläge und einen schlechten Tag erst mal in Ruhe verarbeiten und sich zurückziehen, oder auch bei guten Nachrichten, einer Beförderung, den tollen neuen Schuhen, die sie gekauft haben, oder nach einem schönen Date vollkommen zufrieden damit sind, mit sich selbst zu feiern und bei Gelegenheit davon zu erzählen.

Ich habe das mein ganzes Leben lang schon immer anders gehandhabt – ich liebe es, meine Freude zu zeigen, bin sehr begeisterungsfähig und teile eng verbundenen Menschen manchmal ungefiltert mit, wie es mir geht, positiv und negativ. Dabei würde ich mich nicht als dramatische oder aufmerksamkeitsheischende Person sehen, sondern einfach als mitteilsam. Damit habe ich nicht immer gute Erfahrungen gemacht, denn wenn man sehr offen und extrovertiert ist, bietet man auch viel Angriffsfläche. Gerade in Teenagerjahren gab es da schon die eine oder andere Situation, von der ich mir hinterher dachte, dass es vielleicht schlauer gewesen wäre, wenn ich meine Neuigkeiten, meine Emotionen oder meine Freude oder meine Wut erst mal für mich behalten und nicht direkt alles erzählt hätte. Trotzdem zähle ich diese zu meinen positiven Eigenschaften und ich mag sie. Dahin war es jedoch ein langer Weg, denn nach dem Ende zweier meiner engsten Freundschaften warf genau dieser Charakterzug an mir selbst mir viele Fragen auf: War ich zu nervig? War ich *zu viel*? Hätte ich introvertierter oder bescheidener sein müssen? Habe ich zu viel mitgeteilt und dadurch irgendetwas kaputt gemacht? Habe ich etwas Falsches gesagt?

Ich wurde unheimlich unsicher, stellte viele kleine Aussagen infrage. Mir fielen immer wieder kleine Situationen ein, in denen ich doch die Klappe hätte halten können, in denen ich vielleicht etwas Falsches gesagt haben könnte oder in denen das, was ich gesagt habe, vielleicht falsch rübergekommen war. Mit der Zeit entwickelte sich eine starke Angst in mir und ich ging viel ängstlicher in soziale Situationen und viel unsicherer aus ihnen heraus. Vor allem mit Freundinnen, die ich schon lange kannte und von denen ich eigentlich auch wusste, dass sie mich mögen, so wie ich bin. Eine meiner langjährigsten

Freundinnen, Alisa, hat mir schon so oft gesagt, dass ich ihre lustigste Freundin bin und sie meinen Humor liebt. Trotzdem gab es eine Zeit, in der ich nach jedem frechen Spruch unfassbar unsicher wurde, wenn nicht sofort eine entsprechende Antwort kam. Weil ich Angst hatte, dass sie es falsch aufgefasst haben könnte und nun sauer war – dass ich den Bogen überspannt hatte. Das zog mich in eine Abwärtsspirale, bis ich mir dann selbst sicher war, dass der Spruch überhaupt nicht witzig war und ich die Nachricht am liebsten gelöscht hätte. Besonders schlimm war es in Chats, aber auch in Face-to-Face-Situationen nahm ich mich zurück, lenkte schnell ein, wenn ich etwas gesagt hatte, das eine deutliche Meinung ausdrückte, und umschiffte kritische Themen eher, als sie anzusprechen. Kurz gesagt, ich redete vielen, auch meinen engsten Freundinnen, zeitweilig nach dem Mund, aus Angst vor Konflikten, aus Angst davor anzuecken und aus Angst, noch mehr Freundschaften zu verlieren. Ich machte mich klein und ich merkte, wie ich immer unglücklicher wurde in Konstellationen, auf die ich mich früher gefreut hatte.

Zwei Situationen haben mich aus dieser ängstlichen Starre und aus dieser gedanklichen Abwärtsspirale auftauchen lassen. Beide sind kurz hintereinander passiert und haben mich meinen eigenen Standpunkt in Freundschaften völlig neu überdenken lassen.

Eines Abends erzählte ich meinem Partner von einer banalen Situation mit einer Freundin, die ich ein paar Tage zuvor erlebt hatte. Wir hatten ein Gespräch über ein vollkommen banales, langweiliges Thema geführt und sie hatte mir ihre Ansicht erklärt, die meiner so überhaupt nicht entsprach. Das Thema, um das es ging, hatte überhaupt keinen Einfluss auf unser beider Leben oder auf unsere Freundschaft. Es war auch kein heikles oder sensibles Thema, es war eigentlich ein sehr neutrales Gespräch. Aber ich hatte in dem Moment nichts gesagt, sondern ihr zugestimmt. Jetzt, in dem Gespräch mit meinem Freund, sagte ich meine Meinung. Er stimmte teilweise mir, teilweise ihr zu und wir führten eine spannende und interessante Unterhaltung. Er nahm ein bisschen was von meiner Ansicht mit, ich konnte ein bisschen was von dem verstehen, was er erzählte. Dann fragte er mich, was meine Freundin denn zu meinem Punkt gesagt hätte, und ich schaute ihn mit großen Augen an. „Wie meinst du das? Das habe ich der doch nicht gesagt!“ Nun schaute er mich wiederum mit großen Augen an. „Warum das denn nicht?“

Ich war zu diesem Zeitpunkt schon so tief in meiner Angst gefangen, abgelehnt zu werden, dass ich überhaupt nicht verstehen konnte, warum er das hinterfragt.

Da habe ich ihm erklärt, dass ich das doch nicht machen könnte. Sie wäre doch bestimmt sauer, wenn ich nicht ihrer Meinung wäre. Mein Freund konnte das (verständlicherweise) überhaupt nicht nachvollziehen. „Was ist das denn für eine Freundschaft, wenn du keine andere Meinung haben darfst?“

Unser Gespräch wirkte bei mir einige Tage nach und ich habe mein eigenes Verhalten mehr und mehr beobachtet und hinterfragt. Denn er hatte ja vollkommen recht. Mit der Zeit wurde mir klar, worin ich mich da verfangen hatte, und mit etwas mehr Zeit wurde mir auch klar, warum das so ist und welche Angst dahintersteckt. Was mir außerdem klar wurde, ist, dass ich auf gewisse Art und Weise nur noch ein Schatten meiner selbst war und auf dem besten Weg, nicht nur meine eigene Meinung, sondern auch ein gutes Stück meiner Persönlichkeit zu verlieren. Ich beobachtete mich immer häufiger dabei, wie ich mich nicht traute, positive Nachrichten oder Emotionen zu teilen, um nicht arrogant oder überheblich zu wirken. Ich beobachtete mich außerdem dabei, wie ich traurige Momente, in denen ich mir vielleicht ein paar liebe

Worte und Verständnis gewünscht hätte, für mich behielt, um niemandem zur Last zu fallen und nicht unangenehm zu sein. Ich behielt gegensätzliche Meinungen für mich, um nicht anzuecken, und ging Auseinandersetzungen aus dem Weg, um nicht abgelehnt zu werden und am Ende allein dazustehen.

Je mehr ich diese Verhaltensweisen an mir beobachtete, desto schlimmer fand ich mich selbst. Ich fühlte mich nicht mehr mit meinem eigenen Wesen verbunden und wurde noch trauriger, als ich eh es schon war. Um ehrlich zu sein, hatte ich zu diesem Zeitpunkt auch eine gute Portion Selbstmitleid in mir, gepaart mit dieser Angst, die durch den Verlust meiner beiden Freundinnen entstanden war. Ich befand mich absolut in der Opferrolle. Die Welt war gegen mich und ich hatte keine Chance, mich dagegen zu wehren. Ich war machtlos. Zumindest glaubte ich das.

Natürlich ist das absoluter Unsinn, aber jemandem, der gerade in dieser Situation steckt, das einzureden ist gar nicht so einfach. Die Gespräche mit meinem Freund haben mir unglaublich geholfen, meine Perspektive zu erkennen und sie zu ändern, vor allem aber auch ein zweites Gespräch mit meiner Freundin Nadine. Nadine ist Yogalehrerin und führt außerdem *Aura Readings* durch – das mag sicher nicht für jeden etwas sein, aber ich kann mit der spirituellen Welt viel anfangen und konnte mir aus dem Aura Reading, das wir durchgeführt haben, viel herausziehen. Eine Sache hat mich jedoch besonders zum Nachdenken gebracht. Nadine sagte mir, sie spüre bei mir ein riesiges inneres Feuer und eine starke Leidenschaft, die jedoch kleingehalten wird. Dass ich mich selbst kleinhalte, um gut anzukommen, dass ich aber noch viel besser ankommen könnte, wenn ich mit dem, was ich kann, was ich weiß und was ich bin, rausgehe, meine volle Wahrheit spreche und mein wahres ICH bin. Das brachte mich zum Nachdenken und schlussendlich zu einer Erkenntnis: Nämlich, dass ich nicht mehr mein wahres Ich war, dass ich es aber wieder sein wollte. Meine Perspektive veränderte sich, ich schaffte es endlich raus aus der Opferrolle und fand Stück für Stück wieder zurück zu meiner Authentizität und meiner Offenheit. Je mehr ich mich wieder an mein wahres Ich wagte, desto mehr konnte ich sehen, wie gut das eigentlich ankam und wie wichtig meinen Freundinnen meine Meinung war. Dass ich nicht abgelehnt werde, nur weil ich etwas anderes denke als jemand anders, sondern dass meine Meinung geschätzt und respektiert wird und dass ich sogar um Rat gebeten werde. Meine Freundinnen lachen über meine Witze, verstehen meinen Humor, interessieren sich sowohl für die kleinen als auch für die großen positiven und negativen Ereignisse meines Lebens und finden es weder unangebracht, wenn ich meine Trauer, noch zu viel, wenn ich meine Freude über etwas teile.

Dieser Prozess des „Wiederaufwachens“, wenn man es so nennen kann, hat mir bewusst gemacht, dass ich keine Freundschaften mehr führen möchte, die weniger bieten, und ich mich nicht verstellen möchte, nur um angenommen und geliebt zu werden. Es ist viel schöner, einen kleinen Kreis von Menschen, um sich zu haben, bei dem man zu 100 % man selbst sein kann, als eine riesige Gruppe von angeblichen Freundinnen, die eigentlich überhaupt nicht wissen, wer man wirklich ist. Und wenn jemand dazu nicht gehören möchte, dann muss man sich nicht verbiegen, um der Person zu gefallen. Denn das führt nur zu eigenem Unglück und dazu, dass du nach einiger Zeit in den Spiegel schaust und dich selbst nicht mehr erkennst.

Ich trage mein Herz auf der Zunge und kann inzwischen stolz sagen, dass das eine meiner besten Eigenschaften ist. Ich habe Menschen um mich, die sich mit mir freuen, wenn ich zum Handy greife und die Sprachnotiz mit „Du glaubst nicht, was mir gerade passiert ist“ beginnt. Und ich habe Menschen um mich, die mir zuhören, wenn ich gerade einen Rat brauche oder eine Schulter zum Anlehnen, und ich liebe das. Ich gebe ihnen gerne das Gleiche, bin da, wenn man mich braucht, teile Begeisterung und Schock, Freude und Leid.

Trotzdem ziehe ich als positiven Nebeneffekt aus dieser Zeit des Rückzugs, dass ich über mich gelernt habe, Dinge auch mit mir allein auszumachen und von niemandem abhängig zu sein. Ich bin mir selbst genug, ich weiß mir selbst zu helfen und ich bin auf niemanden angewiesen.

Heute kann ich dadurch gut differenzieren, dass niemand gegen mich ist, wenn ich gerade einmal allein bin, niemand Zeit hat oder ich länger auf eine Rückmeldung warte. Denn die Angst ist nicht mehr da, denn die positiven Erfahrungen überwiegen die negativen. Wir neigen nur dazu, den negativen Erfahrungen zu viel Aufmerksamkeit zu schenken und darüber die positiven Erlebnisse zu vergessen.

Daher mein Tipp, falls du unter dieser Angst vor Ablehnung leidest: Führe ein Journal mit positiven Erlebnissen. Schreibe jedes Mal auf, wenn du in einer Situation Angst hattest, abgelehnt zu werden und es nicht so war. Nimm die kleinen, winzigen Situationen wahr, die dich zum Lächeln bringen und in denen du erleichtert die Schultern sinken lässt, weil deine Anspannung umsonst war. Sollte es dann tatsächlich mal eine

Situation geben, in der du dich einsam oder zurückgewiesen fühlst, so kannst du darauf zurückgreifen, anstatt an deinem Selbstwert zu zweifeln.

Your life is as good as your mindset.

I hope you always know how brave, important, sparkling and wonderful you always are, even if you don't feel like it.

Freunde finden als Erwachsene (Neue vs. alte Freundschaften)

Ein Thema, über das ich allein ein ganzes Buch schreiben könnte, so vielfältig und kompliziert finde ich es. Es gibt so viele Perspektiven, die man hier beleuchten kann, und ich habe dieses Thema für mich selbst aus so vielen verschiedenen Winkeln betrachtet, dass ich teilweise sehr verloren und verwirrt war und gar nicht wusste, was ich eigentlich als richtig empfinde und was das Richtige für mich ist. Aber wie bei so vielen Themen im Leben gilt glaube ich der Grundsatz, dass das, was sich gut anfühlt, auch das Richtige ist und man nicht alles bis ins kleinste Detail ausgetüftelt und alles im Griff haben muss. Ansichten dürfen sich verändern, Gefühle dürfen sich verändern und auch Freundschaften dürfen sich verändern, genauso wie sich deine Ansicht auf Freundschaften verändern darf, egal ob neue oder bestehende Verbindungen.

Ich dachte lange Zeit, ich wäre „fertig“, was Freundschaften angeht. Es gab einen Kreis von Menschen um mich herum, mit denen ich mich immer wohlgefühlt habe, auf die ich mich verlassen konnte, die immer für mich da waren, und das hat mir auch völlig ausgereicht. Neue Leute kennenzulernen war lange Zeit kein Thema für mich. Die meisten Freundinnen hatte ich aus der Schulzeit (darunter auch Valerie) und aus der Berufsschule (Luisa). Da ich eine nebenberufliche Weiterbildung und kein Vollzeitstudium gemacht habe, fiel der Teil weg, in dem man in der Uni und allem, was dazu gehört, viele neue Leute kennenlernt, aber das hat mich nie gestört. Außerdem brauchte ich auch nie einen möglichst großen Freundeskreis, sondern war sehr zufrieden mit ein paar guten, engen und innigen Freundschaften.

In meinen 20ern, als ich in eine andere Stadt zog, lernte ich erst meine Freundin Anne, dann meine Freundin Mimi und später meine Freundin Marie kennen, die heute zu meinen allerengsten Freundinnen gehören. Wir lernten uns jeweils über die Arbeit und über den Sport kennen und es waren diese Bekanntschaften, die sofort geklickt haben. Ich weiß noch, dass es mich damals sehr überrascht und gefreut hat, dass es möglich ist, in diesem Stadium des Lebens noch mal eine so enge Freundschaft zu schließen und so „aufzuholen", was die Lebensgeschichte des anderen angeht. Denn wenn man sich nicht schon seit der Schulzeit kennt und viele Dinge miteinander erlebt hat, braucht man deutlich länger und einen anderen Ansatz, um eine Person wirklich gut kennenzulernen. Im Großen und Ganzen hat sich mein Freundeskreis über die

Jahre dann nicht weiter verändert und ich hatte auch keinen Grund, großartig darüber nachzudenken.

Mit dem Ende zweier meiner engsten Freundschaften kurz hintereinander war ich dann aber gezwungen, mich mit dem Thema auseinanderzusetzen. Denn natürlich hinterließen sie in meinem Leben und Alltag eine große Lücke, von der ich mir überlegen musste, ob, und falls ja, wie ich sie füllen wollte.

Anfangs empfand ich es als hoffnungslos. Ich erinnere mich gut an meine morgendlichen Fahrten zur Arbeit, damals, kurz nach dem Kontaktabbruch mit Luisa. Es klingt wahnsinnig albern, aber ich wusste nichts mit mir anzufangen in dieser Zeit, die ich sonst so häufig genutzt hatte, um ihr eine Sprachnotiz zu schicken, ein Update zu geben, von meinem bevorstehenden Tag zu erzählen oder auf eine Nachricht vom Vortag zu antworten. Ich hatte keine Lust, irgendetwas anderes zu machen, weil mir die Lücke zu groß vorkam. Es gab diese vielen kleinen Momente, mit denen ich nichts anzufangen wusste. Ich wollte diese Lücke, die durch den Verlust von genau diesen beiden Menschen entstanden war, auch nicht mit einer anderen Freundin stopfen, weil sich das falsch angefühlt hätte, und so blieb ich ratlos zurück. Und ich glaube, diese Zeit war auch gut und wichtig, um das Geschehene zu verarbeiten.

Jedoch wollte ich auch nicht mit diesen Lücken in meinem Alltag zurückbleiben. Was also sollte ich tun?

Grundsätzlich ist es doch so: Wir sind alle erwachsen und haben ein ausgefülltes Leben. Job, Familie, vielleicht sogar schon Kinder, Partnerschaften, Hobbys, Sport und weitere soziale Verpflichtungen wollen alle unter einen Hut gequetscht werden. Kaum jemand von uns hat Langeweile im Alltag, und den ganzen Tag mit seinen Freundinnen abhängen machen wir alle schon lange nicht mehr. Umso wertvoller ist aber doch die Zeit, die man zusammen verbringt und die man sich bewusst füreinander nimmt. Also fragte ich mich, ob meine bestehenden Freundschaften denn nicht ausreichen. Ich hatte doch Leute an meiner Seite, denen ich wichtig war und die mir wichtig waren. Ich hatte enge Freundinnen, ich hatte Bekanntschaften. Genug, um meine Freizeit auszufüllen, genug, um mir bewusste Ich-Zeit einplanen zu müssen, um nicht zu viel vorzuhaben. Trotzdem hatte ich durch das, was passiert war, irgendwie den Drang, etwas zu verändern und neue Bekanntschaften zu schließen, um nicht das Gefühl zu haben, auf der Stelle zu treten. Ich glaube, ich hatte vor allem das Gefühl, etwas verloren zu haben und deswegen den Wunsch, es mit etwas (Besserem?) ersetzen zu wollen.

Also meldete ich mich in einer App zum Freunde finden an. Erst kam ich mir ein bisschen erbärmlich, dann ganz schön mutig vor. Es gab ein paar Matches und ich schrieb mit ein paar Mädels hin und her, merkte aber relativ schnell, dass mir das zu oberflächlich war, und es kamen keine Treffen zustande. Mein Plan war also nicht aufgegangen und ich war irgendwie unbefriedigt. Fühlte mich gefangen zwischen dem Wunsch nach Verbundenheit und meinen Selbstzweifeln.

Etwas Zeit verging und ich veränderte auch hier meine Perspektive auf das ganze Thema. Hierfür habe ich leider keinen magischen Trick, das passierte ganz automatisch und ich glaube, es passierte, weil die Zeit dafür gekommen war und genug Zeit vergangen war, um meine Wunden etwas zu heilen. Deswegen war ich bereit, meine innere Einstellung zu verhindern. Es hilft natürlich immer sehr, wenn man raus aus den Mangelgedanken kommt und sich auf das fokussiert, was man schon hat, und dafür dankbar zu sein, anstatt nur den Dingen Aufmerksamkeit zu schenken, von denen man glaubt, dass sie einem fehlen.

Als mir das endlich wieder mehr und mehr gelang, konnte ich auf einmal viel klarer sehen, von welchen wundervollen, besonderen Menschen ich bereits umgeben war, ganz ohne zwanghaft noch weitere Verbindungen erzwingen zu wollen.

Denn neben den bestehenden festen Freundschaften, die ich schon so lange führen durfte, hatte ich im vergangenen Jahr so viele wundervolle Verbindungen geknüpft.

Ich war einem Frauen-Zirkel beigetreten, einem Netzwerk unter dem Motto „Sisterhood“, hatte dort viele großartige Veranstaltungen besucht (mich sogar das allererste Mal überhaupt getraut, ganz allein auf eine Veranstaltung zu gehen und somit einen riesigen Schritt aus meiner Komfortzone gemacht) und inspirierende Frauen kennengelernt, mich mit einigen sogar schon auf einen Kaffee verabredet und schöne, tiefe Gespräche geführt. Ich hatte Nadine kennengelernt, mit der ich die Leidenschaft fürs Yoga verbinde und die mich dahin gehend unheimlich inspiriert. Ich durfte mit ihr Workshops in ihrem eigenen Studio geben und unglaublich viele bedeutsame Gespräche führen, denn eine gemeinsame Leidenschaft verbindet mindestens genauso sehr (wenn nicht sogar mehr) wie eine gemeinsame Jugend.

Ich lernte Brianna kennen, die ursprünglich meine Fitnesstrainerin in diversen Kursen war, aber irgendwann wurden unsere Small Talks nach dem Kurs immer länger und daraus wurde ein gemeinsamer Spaziergang und dann ein gemeinsames Glas Wein oder ein gemeinsamer Kinobesuch. Ich kenne Brianna nicht supergut und ich weiß nicht genau, wo sie zur Schule gegangen ist oder ob sie mit 16 eher gut in Mathematik oder eher gut in Sprachen war. Aber ich weiß, dass wir in einigen Lebensbereichen die gleichen Werte teilen und wir ähnliche Hobbys haben. Ich weiß, dass sie am liebsten einen „Flat White" mit Hafermilch trinkt und sie ihre Familie in Australien vermisst. Ich weiß, dass sie genauso über Freundschaften denkt, wie ich es tue, und ich weiß, dass es unglaublich leicht ist, Zeit mit ihr zu verbringen und sie mir noch nie das Gefühl gegeben hat, mich verstellen zu müssen.

Ich könnte noch ein wenig so weitermachen und viele kleine Verbindungen aufzählen, die ich geschaffen habe und die mir auf ihre Weise alle etwas gegeben haben, die zu meiner Heilung beigetragen haben und die vor allem meine Ansicht auf Freundschaften im Erwachsenenalter verändert haben, denn ich denke jetzt anders darüber als noch vor ein paar Jahren.

Die Freundschaften, die ich schon lange führe, sind mir unglaublich viel wert und ich bin wahnsinnig dankbar und froh, sie so zu führen, wie sie sind. Aber ich sehe sie nicht mehr so starr und ich sehe sie weniger selbstverständlich, beziehungsweise sehe ich es als selbstverständlicher, dass sie sich wandeln und vielleicht in ein paar Jahren anders aussehen, als sie es heute tun. Manchmal verändert sich die Ebene einer Freundschaft und das ist okay. Wir sind alle immer im Wandel und immer in verschiedenen Lebensphasen und können uns nicht immer gleich intensiv und gleichbleibend begleiten. Aber solange beiden Parteien die Freundschaft gleich viel wert ist und beide bereit sind, etwas zu investieren, wird es in der Regel funktionieren. Denn Freundschaften sind wie jede zwischenmenschliche Beziehung Arbeit.

Außerdem bin ich jetzt offener für den Begriff Freundschaft. Ich glaube nicht mehr wie früher, dass man sich x Jahre kennen muss und über die ganze Lebensgeschichte der anderen Person im Bilde sein muss, um eine Freundschaft zu schließen. Ich glaube sogar, dass gemeinsame Werte, eine gemeinsame Leidenschaft oder ein gemeinsames Hobby eine viel tiefere Verbindung schaffen können als eine gemeinsame Vergangenheit. Natürlich sind gemeinsame Erlebnisse viel wert und nicht zu ersetzen. Aber Menschen, Ansichten, Werte und Hobbys können sich verändern und dann passt man vielleicht mit einer Person, mit der man mit Anfang 20 unzertrennlich war, nicht mehr übereinander, weil man eben nicht mehr

Anfang 20 ist. Und das ist okay. Schön ist es, wenn die Verbindung so endet, dass es kein böses Blut gibt und man vielleicht auch wieder zueinanderfinden kann, aber genauso schön und wertvoll wie die alten Erinnerungen sind die neuen Erlebnisse mit neuen Personen, die das Leben neu bereichern, die neue Inspiration bringen, mit denen man neue Erinnerungen schafft.

Ich persönlich bin nach dem, was ich erlebt habe, nun offener für neue Bekanntschaften, ohne dass ich krampfhaft fokussiert darauf bin, neue Freunde zu finden. Ich glaube daran, dass man das anzieht, was man ausstrahlt, und deswegen versuche ich freundlich zu sein, authentisch, empathisch und offen durch meinen Alltag zu gehen und liebevoll hinzuschauen, wenn sich Verbindungen ergeben, egal ob ich nur ein nettes Gespräch führe, aus dem ich vielleicht einen besonders inspirierenden Satz mitnehme oder mich über ein Kompliment der anderen Person freue oder ob sich ein Treffen oder eine neue regelmäßige Verbindung ergibt. Ich bin dankbar für alles, was mich bereichert und teile meine Zeit heute bewusst danach ein, sie mit Menschen zu verbringen, die mir Energie geben und bei denen ich nach einem Treffen mit einem guten Gefühl nach

Hause gehe, anstatt sie aus Pflichtgefühl mit Menschen zu verbringen, nur weil ich sie schon ach so lange kenne.

Gemeinsame Hobbys, Leidenschaften und Werte können eine genauso intensive, wenn nicht sogar eine intensivere Verbindung schaffen wie eine gemeinsame Vergangenheit.

Geghostet. Initiative ergreifen?

Gibt es eigentlich ein richtiges Verhalten, wenn man geghostet wurde? Geghostet werden ist der moderne Ausdruck dafür, wenn eine Beziehung, eine Freundschaft oder eine andere Art von regelmäßigem sozialem Kontakt von einer Partei einfach so, ohne Erklärung und ohne richtigen Abschluss, beendet wird (aus dem Englischen: *Ghost* = Geist). Es kommt einfach keine Antwort mehr, der Rückruf, den es geben sollte, kommt niemals auf dem Handy an, das Treffen wird nicht wahrgenommen und es gibt auch keine neue Initiative. Einfach nichts mehr. Ein Ende ohne Abschluss. Stille, ohne Erklärung. Dieses Verhalten ist eine Form der Ablehnung, die mit Verwirrung, Frustration, Trauer und emotionalem Schmerz einhergeht wie fast keine andere. Als allererstes, finde ich, kann man festhalten, dass sich das einfach nicht gehört. Jeder Mensch, mit dem man eine soziale Beziehung auf egal welcher Ebene geführt hat, die so tief ging, dass die Person sich auch nur geghostet fühlen könnte, verdient einen Abschluss, eine Erklärung, ein Gespräch, eine Nachricht oder ein abschließendes Treffen, um zumindest Bescheid zu wissen, dass die Beziehung für eine Seite vorbei ist.

Mir ist in meinen Freundschaftsbrüchen zwar kein direktes, extremes Ghosting widerfahren, aber einen richtigen, klaren Abschluss gab es auch nicht, weswegen ich mich in einer Zwischenperspektive befinde. Wenn ich über das Thema nachdenke oder auch über meine beiden beendeten Freundschaften und wie sie endeten, dann stellt sich mir immer wieder die Frage, ob es sich letztendlich lohnt, die Initiative zu ergreifen und den Kontakt noch mal zu suchen. Und um ganz ehrlich zu sein – ich weiß es bis heute nicht. Ich weiß nicht, ob es hier den einen richtigen Weg gibt oder das eine Verhalten, das falsch ist und das auf keinen Fall angewendet werden sollte.

Wie bei allen persönlichen Themen glaube ich fest, dass das, was sich richtig anfühlt und was dir persönlich hilft, reinen Gewissens in den Spiegel schauen zu können, auch das ist, was richtig ist. Zumindest für dich und deine Situation. Man sollte sich zu nichts drängen lassen. Ich finde, man hört beispielsweise, besonders wenn man geghostet wurde, ständig, dass man sich die Blöße nicht geben sollte, sich noch mal zu melden, sondern dass man „darüberstehen" und so tun sollte, als würde es einem nichts ausmachen, oder dass man sich „rarmachen" sollte.

Man gibt sich keine Blöße, wenn man das Bedürfnis hat, eine Person, die einem viel bedeutet, noch mal nach dem Grund für das Ende der Beziehung oder Freundschaft zu fragen, wenn es einem dabei hilft, besser abschließen zu können oder sich besser zu fühlen. Vielleicht auch, weil ein letzter Versuch manchmal doch dabei hilft, selbst noch besser abschließen zu können, auch wenn er vielleicht von Anfang an relativ aussichtslos war.

Vielleicht ist es aber auch genau der bewahrte Stolz, der einem hilft, besser abschließen zu können, wenn man sich nicht noch mal meldet. Ich glaube, solange es kein falscher Stolz ist, sondern wirklich die Variante, mit der man sich am besten fühlt, dann ist das okay.

Ich hatte in meinen beiden Situationen mit Luisa und mit Valerie beide Varianten. Bei Valerie habe ich den Kontakt noch mal gesucht. Gebracht hat es mir nichts, wenn ich ehrlich bin, ich bereue es aber auch nicht. Zu Luisa habe ich den Kontakt nicht noch mal gesucht. Hier hat mich sowohl mein Stolz als auch die Tatsache davon abgehalten, dass ich das Gefühl hatte, sie hätte unser Versprechen gebrochen, uns nicht mehr über die gegenseitigen Gefühle im Dunklen zu lassen.

Jede Situation ist unterschiedlich und es gibt keine schematisch korrekte Verhaltensweise. Wichtig ist aber, dass du dich so verhältst, dass du möglichst gut mit der Situation abschließen und nach vorn schauen kannst. Denn auch wenn es abrupt, gemein und unfair ist, so ist es doch ein Abschluss, wenn du geghostet wirst. Man sollte nicht in der Vergangenheit und in der Hoffnung feststecken, von der man nicht weiß, ob sie vergeblich ist. Das Wichtigste in so einer Situation ist, den Weg aus der Opferrolle in die Selbstermächtigung zu finden und sich so zu verhalten, dass es einem besser geht und man wieder zu sich selbst findet.

How can you say nothing

To someone who thought you were

Everything?

Schöne Erinnerungen

Jedes Erlebnis, jede Hürde und jeder Moment, den du erlebst, formt dich zu der Person, die du heute, hier und jetzt bist. Wir neigen aber dazu, hinterher nur die Hürden, die schweren Zeiten und die Stolpersteine zu sehen. Das aufzuzählen, was wir überwinden mussten, um bis hierher zu kommen. Vielleicht aus Stolz auf das, was wir schon geschafft haben, vielleicht auch zur Selbstdarstellung, vielleicht auch, weil negative Erlebnisse sich häufig tiefer in unser Gedächtnis einbrennen als schöne. Das heißt nicht unbedingt, dass wir die schönen Momente nicht schätzen, aber Wunden hinterlassen nun mal Narben, ob man will oder nicht.

Was mir jedoch aufgefallen ist, dass auch schöne Erinnerungen sich durch schlimme Erlebnisse in Stiche verwandeln können. Etwas, das eine Gemeinsamkeit war, Verbundenheit dargestellt und dich vielleicht damals zum Lachen gebracht hat, kann durch einen Bruch in einer Freundschaft oder Beziehung auf einmal wehtun.

Ich finde es sehr herausfordernd und anstrengend, diese Gedanken wieder umzudrehen, aber ich glaube auch, dass es sich langfristig lohnt, sich damit auseinanderzusetzen und sich bewusst zu machen, dass auch die schönen Momente weiterhin Bestand haben und ihren Wert nicht verlieren sollten, nur weil die Person dir vielleicht wehgetan hat oder nicht mehr Teil deines Lebens ist. Jeder schöne Moment, der zusammen durchlebt wurde, hat dich geformt und glücklich gemacht. Jedes Lachen, das ihr geteilt habt, hat einen Funken in deinem Herzen hinterlassen, den du dir bewahren solltest. Es bringt nichts, in Verbitterung zu versinken. Auch wenn es nicht leicht ist, musst du versuchen, trotzdem weiterhin dankbar für diese gemeinsamen, schönen Momente zu sein, auch wenn das nicht immer leichtfällt. Es ist sehr tückisch und toxisch, sich in Selbstmitleid zu verlieren, aber die Perspektive zu wechseln ist ungemein machtvoll und hilft, aus der Opferrolle auszubrechen. Und es kommen ja auch immer wieder Situationen auf, die an solche Momente erinnern. Zum Beispiel haben Luisa und ich gemeinsam eine Bücherserie gelesen und geliebt: „Die 7 Schwestern" von Luchinda Riley (eine ganz, ganz großartige Serie, an dieser Stelle eine große Empfehlung 😉). Wir haben die Hörbücher dieser Serie über einen geteilten Account gehört, uns darüber ausgetauscht und über Jahre immer auf den neuesten Teil hin gefiebert, bis dann im Februar unsere Freundschaft zerbrochen ist, drei Monate, bevor der letzte Teil der Serie, auf den wir uns so unglaublich lange gefreut hatten, erschien. Ich habe mich immer noch auf das Buch gefreut, aber ich war auch sauer, als es darauf zuging, endlich herauszufinden, wie die Geschichte endet. Ich war sauer, weil es einen Beigeschmack hatte, es nicht mit ihr teilen zu können.

Beim Hören habe ich unglaublich oft an sie gedacht. Überrascht sie das auch, oder hat sie vielleicht damit gerechnet? Gefällt ihr das Buch, denkt sie beim Hören auch daran, dass ich wahrscheinlich gerade auch mit Kopfhörern hier sitze und mitfiebere? Oder hört sie es vielleicht gar nicht, ist es ihr egal, denkt sie überhaupt nicht an mich dabei? Das hat mich so aufgewühlt, weil ich an die ganzen Gespräche, die wir zu diesem Thema geführt hatten, denken musste, die doch eigentlich zu den schönen Erinnerungen zählen. Und um ganz ehrlich zu sein, hat mir das dieses schöne Erlebnis ein wenig kaputt gemacht, weil ich zugelassen habe, dass es zerstört wird. Ähnlich ging es mir in den ersten Monaten nach unserem Bruch mit Justin Timberlake. Da sind sogar Luisa und Valerie betroffen, denn mit beiden war ich jeweils auf einem Konzert. Luisa und ich waren lange Zeit ganz besonders große Fans, haben gemeinsam im Auto die Lieder mitgesungen und hatten eine richtig gute Zeit. Und plötzlich ist mir sogar der beste Gute-

Laune-Song zu traurig, weil er diese Erinnerungen wachruft. Verbitterung macht sich in mir breit, wenn ich die ersten Töne höre, weil es ja nicht mehr so ist. Die Veränderung der Denkweise findet dann statt, wenn ich mir erlaube, mich darüber zu freuen, dass es einmal so war. Mich daran zu erinnern und die Erinnerung trotzdem als schönes Erlebnis zu empfinden. Das bedeutet auch gar nicht, die Trauer oder andere Empfindungen, die sich dabei zeigen, auszublenden, aber ihnen nicht den Raum zu geben, mir die Erinnerung und das aktuelle Erlebnis zu verderben. Ich möchte immer noch im Auto sitzen und „Lovestoned" mitsingen, ohne mich nur schlecht und traurig zu fühlen.

Jetzt kann ich an den meisten Tagen mitsingen und gute Laune haben, ohne den Song zu skippen. Ich kann dankbar dafür sein, zwei schöne Konzerte erlebt und genossen zu haben und ich glaube, das ist sehr gesund und förderlich für meine psychische Gesundheit. Es wäre schade, alle Erlebnisse und Erinnerungen mit einer Person, die einen lange begleitet hat, nur als schlecht zu kategorisieren, denn wenn die Person dich nur unglücklich gemacht hätte, wäre sie sicherlich nicht so lange Zeit in deinem Leben gewesen.

Dinge nicht zu vergessen, die mir mit einer bestimmten Person einmal viel bedeutet haben, aber auch zuzulassen, neue glückliche Erinnerungen an den gleichen Orten mit neuen Menschen zu machen – das alles gehört zu mir, hat mich bis hierhin gebracht und mich zu der Person geformt, die ich jetzt bin. Und wenn eine Sache sicher ist, dann die, dass ich in ein paar Jahren wieder eine andere Person mit neuen Erlebnissen und neuen Erinnerungen sein werde, mit guten und mit schmerzhaften Erinnerungen, die mich weitertragen und immer weiter formen. Ich möchte mir erlauben, all diese Momente und Empfindungen aufzusaugen, in mir zu tragen und dankbar für sie zu sein.

Dich im Groll zu verstecken macht dich nur unglücklich und lässt dich stagnieren. Dinge auszublenden, die dich einmal glücklich gemacht haben, blockiert dich davor, Glück zu empfinden. Du darfst dich öffnen, wachsen, Schmerz zulassen und akzeptieren, dass Dinge nicht schwarz oder weiß sein müssen, sowie Momente und Erinnerungen nicht ausschließlich glücklich oder unglücklich sein müssen. Manche sind beides gleichzeitig, wie für mich zum Beispiel ein Song von Justin Timberlake, der mich glücklich und traurig zum gleichen Beat macht.

Momente und Erinnerungen können gleichzeitig traurig und glücklich sein. Die traurigen Momente nehmen den schönen nicht ihren Wert.

Was wäre, wenn?

Genauso gefährlich wie es ist, Erinnerungen nur als schlecht abzustempeln, weil sie eine bestimmte Person beinhalten, ist es meiner Meinung nach, in Was-wäre-wenn-Szenarien zu denken.

Um zu veranschaulichen, was ich meine, möchte ich ein Beispiel nennen, das mich schon an vielen Tagen begleitet hat.

Ich starte meinen typischen Arbeitstag fast immer gleich und lege sehr viel Wert auf meine Morgenroutine. Um andere zu inspirieren, teile ich häufiger mal ein Foto davon auf Instagram und so kommt es, dass ich oft schon morgens um sieben eine Story hochlade, auf der beispielsweise mein Tagebuch, mein Kaffee oder eine Inspiration zum Meditieren zu sehen sind. Sehr häufig schon kam es dann dazu, dass Luisa die erste Person war, die diese Story angeschaut hat. Quasi um 07:02 Uhr, wenn nicht schon früher. Ich stelle mir dann jedes Mal vor, wie wir beide noch im Schlafanzug jeweils mit unserem Kaffeebecher in der Hand auf unserem jeweiligen Sofa sitzen und nachweislich aneinander denken.

Ich bin in dieser Situation schon einige Emotionen durchlaufen. Ich habe mich gefragt, was das soll, warum schaust du dir das an, wenn du mich nicht mehr in deinem Leben haben willst? Ich habe mich gefragt, ob sie sich über mich lustig macht. Es hat mich verunsichert, es hat mich zeitweise sogar amüsiert, warum weiß ich selbst nicht so genau.

Und dann aber immer wieder der Gedanke: „Und was wäre, wenn sie sich jetzt bei mir meldet?" Wie würde ich reagieren, was würde sie vielleicht schreiben und was würde ich antworten? Es sind schon einige Morgen vergangen, an denen ich ein paar Minuten diesen Gedanken nachgehangen bin und mir verschiedenste Szenarien und Gespräche ausgemalt habe. Während in Kiel, auf Luisas Couch, entweder gerade das Gleiche passierte oder sie längst ihren Kaffeebecher in die Spüle gestellt und sich an den Laptop gesetzt hatte und mit ihren Gedanken bereits ganz woanders war.

Das Gleiche gilt natürlich noch für viele andere Situationen, vor allem beim Einkaufen. Was wäre, wenn wir uns jetzt hier über den Weg laufen, wie würde ich mich verhalten, was würde ich sagen? Würde ich denn überhaupt irgendetwas sagen?

Oder die ganz ausgedachten Szenarien, die zum Tagträumen einladen. Kurz vor Weihnachten waren mein Freund und ich beispielsweise in einer Ausstellung in einem Harry-Potter-Museum, von der ich mir sicher war, dass Luisa sie auch gemocht hätte. An einem Tag kurz vor Weihnachten, an dem wir vermutlich, wenn alles noch so „wie früher" gewesen wäre, unsere Freundinnen-Weihnachtsfeier gemacht hätten – vielleicht hätten wir ja gemeinsam genau diese Ausstellung besucht?

Ich könnte noch viele solcher Situationen und Gedanken aufzählen, und auch wenn sie bestimmt ganz normal sind und ich sie auch nicht vollends unterdrücken möchte, so haben sie doch einen großen negativen Aspekt, den ich uns allen einmal ins Bewusstsein rufen möchte: Sie halten uns davon ab, im Hier und Jetzt zu sein und sie halten uns davon ab, den Moment zu leben und zu genießen.

Und der Moment, in dem du hier und jetzt existierst, den du erlebst und wahrnimmst, ist so unendlich wertvoll. Unterdrücke nicht, was deine Gedanken dir zeigen, aber dir sollte bewusst sein, dass du deine Gedanken durchaus steuern und kontrollieren kannst. *„Energy flows where attention goes"* (auf Deutsch etwa: „Energie folgt der Aufmerksamkeit") ist so ein wertvolles Zitat, das mir in diesen Situationen immer wieder hilft, einen Schritt zurückzutreten, die Vogelperspektive einzunehmen, meine Gedanken zu beobachten und sie dann vorbeiziehen zu lassen, um wieder im Hier und Jetzt anzukommen und den aktuellen Moment auszusaugen.

Denn ich starte meine Tage bewusst früh morgens, um mir etwas Gutes zu tun, nicht um Gedanken nachzuhängen, die mich runterziehen. Ich bin auf der Arbeit, um produktiv zu sein oder um das Mittagessen mit meiner Kollegin zu genießen und nicht, um mich ständig suchend umzugucken. Und ich bin in der Harry-Potter-Ausstellung, um eine schöne und wertvolle Erinnerung mit meinem Partner zu kreieren und nicht, um mich zu fragen, wie die Erfahrung wohl gewesen wäre, wenn ich sie mit jemand anderem gemacht hätte. Sie ist jetzt wunderschön, sie ist jetzt wertvoll und sie ist jetzt gerade genauso wie sie sein soll. Sobald ich hier wieder mehr ins Vertrauen gehe und mir bewusst mache, wie schön und wie kostbar jeder Moment ist, den ich erleben darf, fällt es mir leichter, diese Was-wäre-wenn-Gedanken loszulassen.

Energy flows where attention goes.

Wie es funktionieren kann

„Ich glaube, das kann wirklich eine Kraftquelle sein, wenn Frauen sich gegenseitig supporten. Ohne Neid und Konkurrenzkampf. Und ich wollte dir sagen, dass ich durch dich ganz viel darüber lernen durfte. Da kommen mir direkt die Tränen, das geht mir echt nah ... Das musste ich noch mal loswerden. Ich bin dir sehr dankbar, dass ich durch dich über mich hinauswachsen kann. Auch wenn du mich manchmal herausforderst. Das, was wir haben, geht so tief. So schön. <3"

Diese wundervolle Nachricht erreichte mich neulich von meiner Freundin Marie. Und sie ist eine Person in meinem Leben, durch die und vor allem mit der ich unglaublich viel über Freundschaft lernen durfte, weswegen es mir ungemein wichtig ist, dass sie einen Platz in dieser Geschichte bekommt. Denn ich glaube, dass unsere Erfahrungen auch anderen viel Kraft geben und andere Freundschaften bestärken können.

Ich lernte Marie 2017 bei einem Nebenjob kennen und wir freundeten uns ziemlich schnell, ziemlich intensiv an. Wir übersprangen den Small Talk und wurden schnell ein fester Bestandteil im Leben des anderen. Schon im ersten Jahr unserer Freundschaft machten wir einen kleinen gemeinsamen

Urlaub, tauschten Geheimnisse aus, führten sehr viel Deep Talk und wir wurden gegenseitig im Leben der jeweils anderen zu der Person, bei der man „Dir kann ich es ja erzählen" sagt, weil man weiß, dass die andere einen nicht verurteilt, auch wenn man heute vielleicht mal keine Glanzleistung hingelegt, einen Rückschlag erlitten oder sich nicht gerade vorbildlich verhalten hat. Wir begegneten uns mit Respekt, Liebe, Vertrauen und Verständnis und mir hat diese Freundschaft sehr schnell sehr viel bedeutet.

Eine so intensive Freundschaft und vor allem radikale Ehrlichkeit miteinander können auch bewirken, dass man gut aufeinanderprallt und sich nicht zwingend die ganze Zeit guttut. Eine solche Phase erlebten Marie und ich nach fünf Jahren sehr intensiver Freundschaft. Was ich daran unglaublich positiv finde und sehr schätze, ist, dass wir stets ehrlich miteinander waren. Dadurch gab es eine Phase in unserer Freundschaft, in der wir viele unangenehme Gespräche geführt haben und in der sich auch die Treffen und Telefonate, die eigentlich Energie geben sollen, eher Energie raubten und sich nicht mehr gut angefühlt haben. Wir steckten fest, merkten es beide und kamen doch nicht weiter, weil die Sympathie, die wir füreinander bis heute empfinden, ja nicht abnimmt, nur weil man gerade irgendwie feststeckt und nicht auf der gleichen Welle schwingt.

Im Sommer letzten Jahres gestanden wir uns das ein und kamen irgendwie gemeinschaftlich überein, dass uns eine Pause voneinander wahrscheinlich ganz guttun würde.

Und obwohl ich enttäuscht und traurig war, war diese Pause, von der wir zu dem Zeitpunkt nicht wussten, ob sie uns zueinander oder für immer voneinander wegführen würde, wahrscheinlich das Beste, was unserer Freundschaft passieren konnte.

Nach einigen Monaten keimte der Kontakt ganz automatisch wieder auf, es passierte einfach, ich könnte jetzt nicht einmal mehr sagen, wer den ersten Schritt gemacht hat, denn es spielte keine Rolle. Es gab ein Treffen, ein sehr gutes, ehrliches und klärendes Gespräch und dann knüpften wir wieder an die schönen Momente unserer Freundschaft an, merkten, dass wir uns vermisst hatten und schätzen die Freundschaft, Zeit, Energie und Gegenwart der anderen jetzt umso mehr.

Ich glaube, der absolute Gamechanger in dieser Situation und vor allem der große Unterschied gegenüber meinen beiden Freundschaften, die ein endgültiges Ende fanden, war die offene und radikal ehrliche Kommunikation. Es gab Aussagen von Marie, die ich richtig doof fand zu der Zeit, als wir auseinanderdrifteten, und es gab Dinge an mir, die sie zu dieser Zeit überhaupt nicht mochte – aber wir wussten jeweils davon. Wir haben uns mitgeteilt, was uns störte und was wir empfanden, und das war unglaublich anstrengend und teilweise schmerzhaft und unangenehm. Aber es sorgte dafür, dass der gegenseitige Respekt zwischen uns zu keinem Zeitpunkt erlosch, und am Ende sorgte es dafür, dass wir ganz genau wussten, wer und was wir füreinander sind, wie wichtig wir uns sind, was wir am anderen schätzen und auch wissen, wo der andere seine empfindlichen Punkte hat, was ungemein viel Empathie ermöglicht. Ich bin so dankbar für Maries Freundschaft, denn es ist genau, wie sie es in ihrem Text am Anfang des Kapitels sagt: Wir fordern uns zwar manchmal gegenseitig heraus, aber es ermöglicht uns so sehr aneinander zu wachsen. Dass wir uns den Herausforderungen, die die Freundschaft mit sich bringt, stellen, anstatt zu schweigen, uns abzuwenden oder voreinander wegzulaufen, macht uns stärker. Es stärkt auch die Zuneigung zueinander, weil wir wirklich wissen, woran wir beim anderen sind und was wir dem anderen bedeuten. Und auch wenn es oft schwer ist, erleichtert es doch den Umgang miteinander, denn wir kennen uns dadurch wirklich gut.

Ich bin nicht mal unbedingt der festen Überzeugung, dass meine Freundschaften mit Luisa und Valerie heute noch bestehen würden, wenn wir genauso offen und radikal miteinander kommuniziert hätten, wie Marie und ich es tun. Nicht weil eine der beiden mir weniger wert gewesen wäre, sondern weil jeder Mensch unterschiedlich ist und auch jeder Mensch unterschiedlich kommuniziert und mit schwierigen, zwischenmenschlichen Situationen umgeht. Nicht jeder hält so lange und so intensiv an einer bröckelnden Freundschaft fest, dass sie am Ende wieder zu einer stabilen Mauer werden kann und das ist okay.

Aber selbst wenn das Endergebnis das gleiche gewesen wäre, so hätte ich mir doch gewünscht, diese Art der Kommunikation hätte stattgefunden, denn vielleicht hätte es doch etwas am Endergebnis verändert. Die Wahrscheinlichkeit wäre zumindest wesentlich größer gewesen, dass die Geschichten ein anderes, positiveres Ende genommen hätten. Ganz sicher aber hätte es das große Fragezeichen verändert, das am Ende dieser beiden Freundschaften steht.

Hätte die Freundschaft mit Marie mit unserer Kontaktpause geendet, dann hätte am Ende der Seite ein Punkt gestanden, kein Fragezeichen und auch kein wütendes oder lautes Ausrufezeichen, sondern einfach ein neutraler Punkt. Ein sanftes Ende ohne Groll und ohne dass man grübelt, wie man der anderen Person begegnen soll, wenn man sich zufällig im Café trifft. Und wäre es damit nicht viel einfacher und friedlicher weiterzuleben?

Dinge, die mir guttun, wenn ich einen schlechten Tag habe

1. Frische Luft. Ein kleiner Spaziergang holt mich fast immer aus meinem Loch und danach sieht die Welt schon wieder ganz anders aus.

2. Darüber sprechen. Es ist okay, wenn es dir nicht gut geht, du musst damit nicht allein sein.

3. Tagebuch schreiben. Es stimmt tatsächlich, dass man sich Dinge von der Seele schreiben kann. Einmal aufgeschrieben, fühlt es sich schon viel weniger schwer an.

4. Ätherische Öle. Ich habe einen Duft, der mich erdet und mir hilft, mich zu beruhigen, wenn ich mich aufrege. Ein paar Tropfen in die Handflächen und ein paar tiefe Atemzüge können Wunder wirken.

5. Me time. Bewusst Zeit mit mir selbst verbringen und zu lernen, meine eigene Gesellschaft zu genießen, war nicht leicht, hilft mir aber heute sehr oft, mich nicht einsam zu fühlen, wenn ich allein bin.

6. Bewegung. Yoga, Sport, Joggen. Emotion = Energy in Motion. Lass es laufen, finde etwas, das dir Spaß macht, power dich aus und du wirst merken, dass es dir viel besser geht.

7. Aufschreiben, wofür ich dankbar bin. Gerade in der ersten Zeit, als ich das Gefühl hatte, vom Verlust beherrscht zu werden, hat es unglaublich geholfen, mir ganz besonders bewusst zu machen, was ich alles habe und wofür ich dankbar bin, um nicht in Selbstmitleid und Mangelgedanken zu versinken.

8. Ablenkung. Sie kann genauso gut helfen wie Me Time. Lerne dich kennen und finde heraus, wann es besser ist, allein zu sein, und wann dir Ablenkung guttut.

9. Bücher über Persönlichkeitsentwicklung und Selbstreflexion. Es kann nie schaden, sich mit sich selbst auseinanderzusetzen, und ich finde, dass es besonders in schwierigen Phasen extrem guttun kann, kritisch zu sich zu sein, aber auch die positiven

Eigenschaften an sich selbst zu entdecken und schätzen zu lernen.

10. Dinge tun, die sich in der eignen Komfortzone abspielen. Du musst nicht die ganze Zeit wachsen, über deine eigenen Grenzen gehen und permanent im Wandel sein. Vor allem dann nicht, wenn du eine schwierige Phase durchmachst. Schau zum zehnten Mal deine Lieblingsserie. Lies ein Buch, das dich absolut abschalten lässt. Koche dein Lieblingsessen. Tu etwas, von dem du ganz sicher weißt, dass du es magst und es dir Freude bringen wird.

Talk a little nicer to yourself today.

Außenwirkung

Wenn du von einer Person hörst, dass sie in nur einem Jahr ihre beiden engsten Freundinnen verloren hat, würdest du dir unvoreingenommen die Geschichte dieser Person anhören und dir dein eigenes Bild machen, oder würdest du die Person abstempeln? Kämen Gedanken in dir auf wie „Na ja, wenn es ihr mit mehreren passiert, dann kann es ja nicht nur an den anderen liegen“? Oder „Bestimmt ist es ihre Schuld und sie will es nicht zugeben“. „Bestimmt verdreht sie die Tatsachen, um besser dazustehen.“ Oder sogar so etwas wie „Von der halte ich mich lieber fern, die ist bestimmt zu kompliziert“.

Die Angst vor dieser Art der Ablehnung, wenn ich meine Geschichte teile, spielt bis heute eine große Rolle in meinem Leben, aber ich habe gelernt, mit ihr umzugehen, und schaffe es immer häufiger, meine Perspektive anzupassen. Ich nehme die Angst an die Hand und nehme sie mit auf meinen Weg, denn sie ist ein realer Teil von mir und lässt sich nicht abstellen und nur bedingt unterdrücken. Aber unterdrückte Angst zeigt sich irgendwann auf andere Art und Weise, so wie es alle unterdrückten Gefühle irgendwann tun. Ich habe die Erfahrung gemacht, dass das Sprichwort „The only way is through“ (dt.:

Der einzige Weg führt hindurch) sehr wahr ist. Sich unangenehmen Ängsten und Gefühlen zu stellen hat mir gezeigt, dass sie immer vorbeigehen. Und es hat mich gelehrt, dass es nicht schwach ist, zum Beispiel diese Angst zuzulassen, sondern dass es ein Zeichen von Stärke ist, dieses Gefühl zuzulassen und mitzunehmen, es als Anteil von mir anzuerkennen und Frieden damit zu schließen.

Lange Zeit, vor allem am Anfang, habe ich mich kaum getraut, wirklich über das zu sprechen, was passiert ist, weil ich so große Angst hatte, schlecht dazustehen und nach außen hin das Bild zu vermitteln, dass ich nicht in der Lage bin, meine Freundschaften zu pflegen und aufrechtzuerhalten.

Ich hatte zum einen Angst, dass es das Bild meiner Freundinnen auf mich und unsere bestehende Freundschaft verändert. Zum anderen hatte ich Angst, dass es neue Bekanntschaften blockieren würde, dass neue Leute vielleicht keine Lust hätten, sich mit mir anzufreunden, weil sie denken, dass es mit mir sowieso nicht gut gehen könnte, wenn doch Menschen, die mich fast mein ganzes Leben lang begleitet haben, sich von mir abwenden.

The only way is through – irgendwann war ich gezwungen, mich mit diesem Gefühl und dieser Angst auseinanderzusetzen, weil ich mich nicht fühlen wollte, als müsse ich etwas zurückhalten. Durch viel Journaling – zu Papier gebrachte, geordnete Gedanken – und auch durch etwas Zeit, die verging, wurde mir klarer und klarer, dass ich eigentlich mit mir selbst im Reinen war und bis heute bin. Ich habe für diese Freundschaften alles gegeben, was ich konnte. Damit kann ich selbstbewusst rausgehen und teilen, was passiert ist. Ich kann erzählen, dass meine beiden einst besten Freundinnen nicht mehr Teil meines Lebens sind, ohne mich dafür schämen zu müssen, denn das habe ich anfangs wirklich sehr doll getan.

Scham ist ein interessantes Gefühl. Es blockiert alles andere und es bringt dich dazu, dich selbst so fürchterlich abzuwerten, dass man, wann immer man Scham empfindet, unbedingt daran arbeiten sollte, aus dieser Starre hinauszufinden.

Für mich sah das so aus, dass ich mich langsam, aber sicher vorangetastet und erzählt habe, was passiert ist und wie es mir damit geht. Zuerst Menschen, bei denen ich mich damit möglichst sicher gefühlt habe. Natürlich gab es auch einige wenige Leute, die von Anfang an wussten, was los war. Aber zum Beispiel beim Treffen mit zwei Freundinnen aus der gemeinsamen Ausbildung mit Luisa davon zu erzählen, dass sie kein Teil meines Lebens mehr ist, hat mich deutlich mehr

Überwindung gekostet. Beim Treffen davor hatte ich das Thema noch bewusst vermieden und auf die Frage „Und wie geht's Luisa?" nur ausweichend geantwortet.

Sich mit diesen Gefühlen auseinanderzusetzen und geordnet nach außen zu treten, hat mir unheimlich geholfen, mich auch auf eventuelle Reaktionen von außen einzustellen und abzuwägen, was diese eventuell mit mir machen und wie ich damit umgehen möchte, wenn tatsächlich Ablehnung eintritt. Ich wollte dieser Ablehnung mit Akzeptanz begegnen, denn ich war und bin mit mir und meinem Handeln im Reinen.

Hätte irgendjemand mir tatsächlich vermittelt, dass ich nicht gut genug, zu anstrengend oder nicht okay bin, dann hätte ich nicht versucht, diese Person von mir, meinem Handeln oder meinen Ansichten zu überzeugen. Das ist ein großer Schritt für jeden von uns. Denn wenn man es an diesen Punkt schafft, dann hat man endlich verstanden, dass man gut genug ist, genau so, wie man ist, sofern man immer nach bestem Wissen und Gewissen, mit guten Intentionen und mit einem reinen Herzen handelt.

Wenn du mit allem, was du gesagt und getan hast, mit reinem Gewissen in den Spiegel schauen kannst, dann hast du genug gemacht. Du kannst niemanden zwingen, dir zu glauben oder der gleichen Meinung zu sein wie du.

Keine Außenwirkung der Welt kann so wichtig sein wie das, was du selbst von dir hältst. Je mehr ich genau diesen Gedanken verinnerlicht habe, desto leichter fiel es mir allmählich, alles, was passiert ist, als Teil meiner Geschichte zu akzeptieren und zu teilen.

Und weißt du, was das Schönste ist? Ich habe bis heute keine Ablehnung für das, was passiert ist, erfahren müssen. Alle Menschen in meinem Umfeld sind mir mit Empathie, Mitgefühl, Verständnis und Liebe begegnet.

Mir ist es wichtig, nicht schlecht über Menschen zu sprechen, die ich einmal sehr geliebt habe und die einen großen Einfluss auf die Person, die ich heute bin, hatten. Ich glaube, das überträgt sich auch darauf, wie andere das, was ich ihnen erzähle, wahrnehmen. Natürlich laufe ich nicht zu jeder x-beliebigen Person hin und breite meine Lebensgeschichte vor ihr aus, aber wenn ich es erzähle und meistens ein Stück der Geschichte der anderen Person zurückbekomme, dann habe ich eher das Gefühl, dass es Verbundenheit schafft, als dass ich mit Ablehnung konfrontiert werde. Und das ist eine wirklich schöne zwischenmenschliche Erfahrung.

Es gibt mir eher das Gefühl, dass mein Gegenüber es als Geschenk und als etwas Besonderes ansieht, dass ich mich öffne und so ein persönliches Stück meiner Geschichte teile, und ich sehe es als Geschenk, wenn ich ein Stück der Geschichte der anderen Person zurückbekomme. Neulich kam ich mit einer Bekannten, die ich noch nicht so lange kenne, in ein Gespräch über alte Freundschaften, weil sie weiter weggezogen ist. Ich teilte das erste Mal, ohne groß nachzudenken, was mir passiert ist. Im ersten Moment war ich super verunsichert, weil ich sie wirklich mochte, aber noch nicht so gut kannte und dementsprechend nicht einschätzen konnte, wie sie reagieren und was sie wohl von mir halten würde. Aber sie reagierte mit einer großen Portion Empathie und erzählte mir, dass es für sie ähnlich sei. Wenn sie in die Heimat zu Besuch komme, sei es mit ihrer besten Freundin, mit der sie einst unzertrennlich gewesen war, einfach nicht mehr dasselbe, es gebe eine unausgesprochene Blockade zwischen den beiden und das belaste sie sehr. Es war so ein schönes, intensives und bereicherndes Gespräch, das uns verbunden hat, das mir einmal mehr gezeigt hat, dass ich mich öffnen darf, ohne zu viel Angst zu haben.

Da, wo ich Ablehnung und Misstrauen vermutete, habe ich Verständnis und neue Perspektiven gefunden. Anderen sind ähnliche Dinge passiert wie mir und das zu hören hat eine ungemein heilsame Wirkung. Nicht weil ich mich freue, dass auch andere Menschen traumatische Trennungen und Brüche in Freundschaften hinter sich haben, sondern weil es bewirkt, dass ich mich viel weniger allein damit fühle. Und ich hoffe von Herzen, jedem, der diese Geschichte hier liest, geht es genauso, denn niemand von uns ist allein mit dem, was er durchlebt. Sich zu öffnen und darüber zu sprechen kann uns so viel mehr geben, als uns eine einzelne, negative Reaktion vielleicht wegnehmen oder wehtun könnte.

Sätze, die andere zu mir gesagt haben und die mir gutgetan haben

- Manche Sachen muss man mehr als einmal loslassen. Manchmal ganz oft, manches kann man vielleicht nie ganz loslassen und das ist okay.

- Wenn es dir egal wäre, dann hätte es dir auch nicht so viel bedeutet und dich nicht irgendwann mal so glücklich gemacht.

- Heilung erfolgt nicht linear. Nur weil es nicht jeden Tag kontinuierlich besser wird, heißt das noch lange nicht, dass es schlechter wird.

- Wie andere dich behandeln, sagt deutlich mehr über die anderen aus als über dich.

- Du bist wertvoll.

- Egal wie schlimm es sich jetzt anfühlt, es wird sich nicht für immer so anfühlen.

What you think,

you become.

What you feel,

you attract.

What you imagine,

you create.

Buddha

Hilfe annehmen

Mir geht es nicht gut. Ich ...

- mag mich heute mit niemandem treffen.
- brauche heute etwas Zeit für mich allein.
- würde mich freuen, wenn wir heute quatschen.
- muss mich mal aussprechen.
- muss mich mal ausweinen.
- will gerade einfach nur getröstet werden und keine logischen Lösungsvorschläge hören.
- kann gerade nicht so viel leisten und so gut funktionieren wie sonst.
- fühle mich gerade schwach.

Es kann so unglaublich schwerfallen, laut auszusprechen, dass es einem nicht gut geht und man eine Enttäuschung, einen Schicksalsschlag oder eine schlechte Nachricht nicht einfach so weggesteckt hat.

Gefühlt wird gesellschaftlich immer von einem erwartet, dass man tough, stark und gelassen ist, dass man alles, egal was einem passiert und egal wie zerschmetternd es vielleicht für ein einzelnes Leben ist, einfach wegsteckt, lächelt und weitermacht, als sei nichts gewesen.

Meiner Meinung nach ist das extrem ungesund und es macht dich überhaupt nicht schwach, zuzugeben, dass du gerade eine schwere Zeit hast. Im Gegenteil, ich finde nämlich, dass dazu unheimlich viel Mut und Stärke gehören.

Man zeigt sich zwar im ersten Moment tatsächlich schwach und verletzlich, indem man zugibt, dass man eben nicht alles ach so gut wegsteckt und einfach weitermacht, aber am Ende des Tages ist es menschlich und es erlaubt dir, dich deinen Emotionen hinzugeben, anstatt zu überspielen, dass es dir nicht gut geht. Unterdrückte Emotionen gehen nicht einfach weg, sie kommen irgendwann auf andere Art und Weise zum Vorschein und machen dich im schlimmsten Fall ernsthaft krank.

Außerdem ermöglicht Offenheit den Personen in deinem Umfeld, sich besser auf dich einzustellen, besonders empathisch zu sein und du gibst ihnen die Möglichkeit, sensibler mit dir umzugehen. Ich finde es vollkommen okay, zu kommunizieren, dass es dir nicht gut geht, du aber gerade trotzdem nicht über das Thema reden möchtest. Ich persönlich habe aber die Erfahrung gemacht, dass es mir besser geht, wenn ich die Dinge ausspreche, als wenn ich sie in mich reinfresse. Ich habe mit der Zeit gelernt, von der Meinung anderer nur das anzunehmen, was mir nützt und den Rest einfach da sein zu lassen, ohne mir jedes Wort einer anderen Meinung anzueignen.

Die Art der Kommunikation darf auch von deiner Tagesform abhängig sein – ganz wichtig fand ich auch die Erkenntnis, dass du, auch wenn du gerade eine schlechte Phase hast, auch gute Tage haben darfst, ohne ein schlechtes Gewissen zu haben. Es kann sehr toxisch und belastend sein, wenn du dich selbst dahin sabotierst, dich dauerhaft schlecht fühlen zu müssen. Egal wie schwierig deine aktuelle Phase vielleicht sein mag, bitte erlaube dir unbedingt die hellen Momente zu sehen, zu lachen und positive Gefühle und Ereignisse wahrzunehmen, ja, sogar aufzusaugen. Für mich ist das der Weg, um aus schlechten Phasen wieder aufzutauchen – indem ich mich auf das Positive fokussiere und kleine Momente genieße und sie mental über die schlechten Momente stelle, ihnen so viel mehr Aufmerksamkeit schenke als den schlechten Momenten, dass diese schließlich verblassen und alles wieder ein bisschen heller aussieht und sich ein bisschen leichter anfühlt.

Natürlich funktioniert das nicht immer. Es ist auch menschlich, mal in ein Loch zu fallen und den schlechten Tag einen schlechten Tag sein zu lassen. Du darfst mal unproduktiv sein, deine Lieblingsserie schauen und unbedingt auch einfach mal einen Abend durchweinen. Das gehört dazu. Beim Ende einer Freundschaft, beim Ende einer jeden anderen Beziehung, ganz egal was dir den Tag versaut hat. Es ist okay, es geht vorbei und es kommt wieder eine bessere, leichtere, schönere Phase.

Wenn es dir nicht gut geht, dann nimm dir Zeit und horche in dein Inneres, um zu spüren, was du brauchst, um dich wieder besser zu fühlen. So lernst du dich zum einen immer mehr und immer besser kennen, zum anderen hilft es dir auch, anderen gegenüber zu kommunizieren, was du brauchst und wie sie am besten mit dir umgehen können.

Und dann bitte um Hilfe und um Unterstützung, um Trost, um Liebe, um Verständnis. Die Menschen, die dich lieben, werden mit Sicherheit gerne für dich da sein und dich weder schwach finden noch abwertend reagieren.

Mir persönlich ist es anfangs, nachdem meine Freundschaften geendet hatten, relativ leichtgefallen, in meinem Umfeld zu sagen, dass es gerade nicht so rosig ist und die Vorfälle mich belasten. Nach einiger Zeit jedoch schämte ich mich mehr und mehr, wenn mich das Thema immer noch belastete. Ich ärgerte mich zum einen zunehmend über mich selbst, ich wollte das Ganze loslassen und nicht mehr daran denken, mir vor allem nicht davon den Tag verderben lassen. Zum anderen hatte ich mehr und mehr das Gefühl, andere zu langweilen und eine Last zu sein, wenn ich schon wieder über das gleiche Thema jammerte.

Doch als ich genau das dann auch ehrlich äußerte und zu meinem Freund und einer guten Freundin sagte, dass es mir leidtue, dass ich jetzt schon wieder davon anfange, aber Vorfall X das Thema in meinen Gedanken wieder hervorgeholt habe, da sagten beide mir, dass es doch völlig in Ordnung sei. Dass sie gerne für mich da seien und ich mich vor allem nicht selbst fertig machen solle. Vor allem mein Freund fand deutliche Worte, die mir sehr geholfen haben, mir weniger Druck zu machen und offener darüber zu sprechen, wenn das Thema schon wieder in mir aufkommt: „Manche Sachen muss man einfach mehrmals loslassen, immer wieder, und sich auch lange und oft damit beschäftigen. Schau mal, die beiden waren so unglaublich lange so ein fester, wichtiger Bestandteil deines Lebens, es wäre doch sogar komisch, wenn es einfach so weg wäre und dir dann nie wieder etwas ausmachen würde.“

Diese Aussage lässt sich schön auch auf andere Themen, die einen oft beschäftigen und belasten, übertragen. Dass es weh tut, etwas loszulassen, heißt doch im Grunde nur, dass es einen sehr wichtigen und bedeutsamen Platz in deinem Leben hatte. Und nur weil es jetzt vielleicht auch zu Recht und nicht ohne Grund keinen Platz mehr darin hat, heißt das ja nicht, dass es nicht in der Vergangenheit mal bedeutsam und gut gewesen wäre.

Um solche Vorfälle richtig zu verarbeiten, muss man sich gut und ausführlich mit ihnen befassen und auch zulassen, dass sie immer noch einen Platz im Alltag einnehmen dürfen und dir eventuell auch mal den Tag versauen. Es gehört dazu und hilft bei der Verarbeitung.

Wichtig ist aber auch, abzuschätzen, ob man allein klarkommt oder nicht. Denn dein Umfeld kann, soll und darf dir eine große Stütze sein, aber dein Partner, deine Familie und deine Freunde sind nur bis zu einem gewissen Teil befähigt und in der Lage, dich zu unterstützen.

Scheue dich nicht, dir auch professionelle Hilfe zu holen. Der Weg dahin kann – vor allem als Kassenpatient – lang und steinig sein, aber es lohnt sich. Deswegen überwinde diese Hürde und hab etwas Geduld. Eine Psychotherapie zu beginnen war eine der besten Entscheidungen, die ich für mein gesamtheitliches Wohlbefinden und meine mentale Gesundheit treffen konnte. Und nein, du musst nicht schwer depressiv oder diagnostiziert „mental krank" sein, um das Recht auf eine Therapie zu haben. Es ist eine großartige Art und Weise, schwierige Ereignisse zu verarbeiten, vielleicht auch Wunden und Traumata aus der Vergangenheit aufzuarbeiten und sich selbst so viel besser kennenzulernen. Da sitzt jemand, der dafür ausgebildet ist und nur dafür da ist, sich deine Probleme und Sorgen anzuhören und mit dir nach Lösungen zu suchen! Wie klasse ist das bitte? Was für ein Luxus. Und noch mal: Du bist nicht schwach, wenn du dafür Sorge tragen willst, dass dein zukünftiges Ich all seine Traumata und all die schwierigen Dinge, die ihm passiert sind, bestmöglich verarbeiten und gut damit umgehen kann, um positiv in die Zukunft zu schauen. Ganz im Gegenteil. Es gehört so viel Stärke dazu, ehrlich hinzuschauen und auch die unangenehmen Dinge wirklich auseinanderzunehmen, um sie zu verstehen und zu verarbeiten.

Ich kann zum Beispiel dank meinen Gesprächen mit meinem Therapeuten viel besser mit schlechten Tagen umgehen. Es gibt sie immer noch, aber ich habe gelernt, wie ich mich selbst bestmöglich unterstützen kann, um gut durch eine schlechte

Zeit hindurchzukommen und sogar Stärke aus ihr zu ziehen und weiterzumachen, ohne zu sehr in meinem Prozess zurückgeworfen zu werden. Das gibt mir unglaublich viel Lebensqualität und lässt schwere Tage außerdem viel weniger schlimm erscheinen, weil ich mit einem ganz anderen Mindset an eine schlechte Phase herangehe.

Und auch wenn meine Freunde und mein Partner mir eine ganz wundervolle Stütze sind, hätten sie dieses Wissen und diese Qualitäten nicht vermitteln können. Und das sollen sie auch überhaupt nicht, denn es ist nicht die Verantwortung anderer, deine mentale Genesung sicherzustellen. Ich liebe es, mich mit Freundinnen über Aha-Momente auszutauschen und auch gegenseitig Erkenntnisse aus den Momenten der anderen zu ziehen oder Ratschläge zu erteilen und Meinungen abzugeben. Aber es sollte in einer Freundschaft oder Liebesbeziehung niemals die Erwartung oder die Verpflichtung liegen, dass der andere dich heilt.

Nicht jeder braucht eine Therapie. Aber jeder, der sich in einer schlechten Phase befindet, oder dem etwas Belastendes widerfahren ist, sollte sich die Zeit nehmen, sich selbst gut genug kennenzulernen, um zu wissen, welche Art der Unterstützung er sich wünscht und sich dann trauen, auch genau darum zu bitten, ohne sich schwach zu fühlen. Viel eher sollte man stolz darauf sein, dass man sich traut, für seine Bedürfnisse und seine Gesundheit einzustehen. Hilfe anzunehmen hat unglaublich viel mit Selbstwert und mit Selbstfürsorge zu tun und ganz bestimmt nichts mit Schwäche.

Heilungsweg

Die erste Zeit nach einem Schicksalsschlag, egal wie er aussieht, darf man sich verloren fühlen. Ich glaube sogar, dass es wichtig ist, sich verloren zu fühlen, den Tiefpunkt, den Verlust und den Schmerz, um danach loslassen und wieder nach vorn schauen zu können.

Würde man nach einem Schicksalsschlag einfach weitermachen, als wäre nie etwas passiert, dann würde man alle Emotionen, die damit verbunden sind und die dadurch hervorgerufen werden, wegdrücken und sie würden einen irgendwann, vielleicht total unvorhergesehen oder vielleicht nach einem neuerlichen Schicksalsschlag, wieder einholen – und glaub mir: Dann wäre es noch schlimmer, noch intensiver und noch niederschmetternder. Weglaufen ist nie eine gute Idee, denn es bringt dich nicht auf deinen Heilungsweg.

Wenn man alle Emotionen zulässt und sie wirklich empfindet, dann ist man in der Lage, nach einiger Zeit – wenn sich der Nebel um einen herum lichtet, der Schmerz etwas nachlässt und man ein wenig klarer sieht – seinen Heilungsweg anzutreten. Dieser wird wahrscheinlich nicht einfach und setzt voraus, dass man bereit ist, sich ungeschönt mit sich selbst auseinanderzusetzen und aus der Komfortzone in die eigene Wachstumszone herauszutreten. Aber es lohnt sich so sehr, denn es bringt dich näher zu dir selbst, klärt deine Prioritäten, hilft dir, vergangene Erlebnisse aufzuarbeiten, und stärkt dein Selbstwertgefühl. Der unglaublich große Vorteil daran ist, dass du, wenn du einmal angefangen hast, dich mit dir selbst auseinanderzusetzen und dich auf deinen Heilungsweg begeben hast, viel besser mit zukünftigen Schicksalsschlägen umgehen können wirst. Denn die Wahrheit ist doch, dass das Leben nicht einfacher wird und immer und jederzeit unerwartete Schicksalsschläge passieren können, wir sind niemals davor „sicher". Sicherheit im Außen ist eine absolute Illusion, sie existiert schlichtweg nicht. Du bist nie sicher, nicht in Freundschaften, nicht in Beziehungen, in keiner Konstruktion im Außen und in keiner zwischenmenschlichen Beziehung. Aber du kannst einen sicheren Ort in dir selbst erschaffen und deinen Selbstwert und deine innere Sicherheit so aufbauen und stärken, dass es immer leichter wird, mit unvorhergesehenen Situationen umzugehen. Je besser du dich selbst kennst, deinen Wert und das, was dir guttut, desto besser kannst du dich abgrenzen und desto mehr kannst du wachsen. *Find comfort in discomfort* (dt. etwa: Finde Trost in der Unannehmlichkeit) ist ein Zitat, das mir dabei unheimlich geholfen hat, Sicherheit darin zu finden, die eigene Komfortzone zu verlassen und darauf zu vertrauen, dass ich außerhalb meiner Komfortzone Sicherheit finde, dass ich dort persönliches Wachstum finde und alles, was ich brauche.

Ein persönlicher Heilungsweg mag für jeden anders aussehen, aber um Inspiration zu schaffen, möchte ich teilen, wie die ersten Monate nach meinen *Friendship Breakups* aussahen und was mir geholfen hat, meine innere Sicherheit wieder herzustellen.

Wie ich schon vorher erwähnt habe, kam ich sowieso aus einer herausfordernden Zeit, die in der Beendigung dieser beiden Freundschaften gipfelten. Dadurch ist dieses Kapitel vielleicht etwas allgemeiner als die vorherigen, jedoch finde ich es nicht weniger wichtig und hoffe, dass jeder, der in egal was für einer schwierigen Situation steckt, vielleicht etwas daraus ziehen kann.

Ich hatte eine Trennung und eine komplette Neuausrichtung meines Alltags hinter mir. Ich habe das Gefühl, dass ich diese beiden Verluste meiner Freundinnen deswegen noch intensiver wahrgenommen und sie mein inneres Gleichgewicht noch stärker erschüttert haben, als sie es sowieso schon taten.

Hinzu kam für mich noch, dass ich in dieser Zeit sehr intensiv und häufig mit Krankheiten, vor allem Harnwegsinfekten, zu tun hatte, die mich immer wieder aufs Neue ausknockten und mir einige Grenzen aufzeigten, mich hemmten und im Alltag einschränkten. In nur einem Jahr hatte ich 15 Blasenentzündungen, die so schlimm waren, dass ich ein Antibiotikum nehmen musste und immer wieder mehrere Tage zur völligen Untätigkeit verdammt war, vor Schmerzen wimmernd zwischen Bett und Badezimmer hin und her lief und mich wie ein Zombie fühlte. Ich bin mir sehr sicher, dass diese Infekte vor allem seelische Ursachen hatten und vor allem durch Stress und das Gefühl bestärkt wurden, keine Kontrolle über meinen Alltag und mein Leben und das, was darin passierte, zu haben. Stress und seelisches Unwohlsein machen enorm viel mit unserem Unterbewusstsein und können sich sehr stark auf unsere physische Gesundheit auswirken, und das bekam ich in dieser Zeit mit voller Wucht zu spüren.

Aus diesem unangenehmen Gesamtkonzept entwickelte sich eine sogenannte Anpassungsstörung und eine unberechenbare, ausgewachsene Angst vor unbekannten Situationen, eine beginnende Angststörung, die sich vor allem situativ durch Panikattacken äußerte und mich so manche Lebensfreude gekostet hat.

Bis zu diesem Punkt war ich eigentlich immer eher ein Krieg-deinen-Scheiß-zusammen-Typ und konnte mich auch durch unangenehme Situationen durchbeißen. Aber ich bin hier an eine Grenze gestoßen und habe zum ersten Mal gemerkt, was es bedeutet, wenn „es wirklich einfach nicht geht“, weil man vor einer mentalen Blockade in Form von Angst steht, die einen Durchgang schlicht unmöglich macht. Das ist ein sehr individuelles und sensibles Thema, und wenn du darunter leidest, dann empfehle ich dir, dich unbedingt mit einem Profi und einer Therapie zu befassen, denn ich konnte hier ganz viel auflösen und mich sehr viel besser kennen- und diese Situationen für mich einschätzen lernen, sodass ich heute viel befreiter und beinahe wieder wie früher bin.

In dieser Zeit machte sich die Angst, die durch all das getriggert wurde, vor allem durch die Angst vor einer neuen Blasenentzündung bemerkbar, die mich davor geschützt hat, mich in unangenehme, kritische, unbekannte Situationen zu begeben. Zum einen der „Ich könnte ja eine Blasenentzündung bekommen, dann bleibe ich doch lieber zu Hause“-Gedanke, zum anderen ein völlig verlorenes Körpergefühl, da ich tatsächlich so oft krank gewesen war. Ich hatte das Vertrauen in meine Gesundheit und meinen Körper komplett verloren und das dämpfte natürlich mein Selbstwertgefühl und meine Selbstliebe extrem.

In diesem Zustand befand ich mich viel zu lange, aber irgendwann fühlte ich mich nur noch eingeschränkt und eingeengt und wollte stärker sein als die Angst. Ich kämpfte mich Stück für Stück und mit professioneller Hilfe und viel Kommunikation aus der Angst heraus. Es hat mir sehr geholfen, meinem Partner und Freunden, mit denen ich unterwegs war, meine Angst zu kommunizieren, damit sie vielleicht etwas mehr Rücksicht auf mich nehmen oder mich bestärken konnten und vielleicht auch überhaupt erst mal wahrgenommen haben, dass ich mich in für sie völlig alltäglichen Situationen unwohl gefühlt hatte. Dass eine Autofahrt mit anderen, bei der ich nicht mal eben sofort auf die Toilette konnte, falls ich eine Blasenentzündung bekommen sollte, mich Tage im Voraus stresste und mir jede Vorfreude auf gemeinsame Unternehmungen unmöglich machte. Oder dass ich deswegen manchmal nächtelang nicht einschlafen konnte und mit Herzrasen und einem Worst-Case-Szenario nach dem anderen im Kopf wach lag. Das Verständnis, das mein Umfeld mir entgegengebracht hat, und dass ich ernst genommen wurde, hat mir geholfen, mich weniger wie ein Alien und weniger ausgeschlossen zu fühlen. Gespräche darüber haben mir geholfen, aus dem Worst-Case-Szenario rauszukommen und wieder realistischer zu denken. Denn panische Angst ist ein sehr tückischer Begleiter, sie macht dich unheimlich einsam und gibt dir das Gefühl, von niemandem verstanden und nicht ernst genommen oder sogar ausgelacht zu werden, wenn du bei „normalen" Leuten damit um die Ecke kommst.

Die Wahrheit ist aber: Wenn du dich traust, davon zu erzählen, dann wirst du merken, dass fast jeder Mensch irgendeine irrationale Angst hat, keiner von uns wirklich normal ist und du wahrscheinlich gestärkt wirst und überhaupt nicht allein bist, oder allein durch irgendwas durchmusst.

So kämpfte ich mich also von Situation zu Situation, erlebte einige Rückschläge und versuchte, jedes Erfolgserlebnis und jede Situation, die ich gemeistert hatte, bewusst wahrzunehmen, zu feiern und stolz auf mich zu sein. Um einen Grundstein für das Leben, das ich (wieder) führen wollte, zu legen und um Gedankengut für die Zukunfts-Linda zu schaffen – ein Kontingent aus positiven Erlebnissen, auf das ich zugreifen könnte, wenn die Angst mal wieder zuschlagen würde.

Was hier sehr positiv zu Buche schlägt, ist, dass ich ein unglaublicher Sturkopf bin und mich trotz allem und trotz einzelner, situativer Niederlagen partout nicht von der Angst besiegen lassen wollte.

So liebe ich es zum Beispiel zu reisen, hatte aber eine unglaubliche Angst davor, weil es besonders bezogen auf mögliche Blasenentzündungen immer Unsicherheiten mit sich brachte. Wo könnte ich auf die Toilette gehen, falls es wieder so weit kommen sollte und wir unterwegs sind? Was, wenn es an einem Tag passiert, an dem wir gerade die Unterkunft wechseln und wir kein Badezimmer zur Verfügung haben? Was, wenn ich nicht genug oder nicht das passende Medikament dabeihätte?

Fragen über Fragen, Ängste über Ängste, Panik über Panik. Gleichzeitig aber wollte ich unbedingt in den Urlaub. Neben der großen Bereitschaft, an mir selbst zu arbeiten, half mir die „Ich will aber"-Sturkopf Einstellung hier, einen großen Schritt in die richtige Richtung zu gehen, denn ich buchte einfach den Urlaub mit meinem Freund, den wir machen wollten. Island Hopping in Griechenland – mehrere Inseln, mehrere Unterkünfte, Flüge hin und zurück, dazwischen einige Fahrten auf den Fähren und ganz viele Unsicherheiten. Und so großartig die Fotos von diesem Urlaub aussehen, so schwierig ist es auch gewesen, diese Herausforderungen zu bewältigen. Vor jedem Reisetag hatte ich eine Panikattacke. Die Nacht vor dem Wechsel der Unterkunft konnte ich nicht schlafen und bevor es auf die Fähre ging, ging es mir gar nicht gut. Aber ich *musste* dann ja, wir mussten ja weiter und ich wollte diese Dinge ja auch aus tiefstem Herzen erleben. Die „Du musst jetzt weiter"-Tatsache und das ständige, gute Zureden meines Partners ließen mich jede einzelne Herausforderung überstehen. Und weil zum Glück alles gut ging, konnte ich massiv viele positive Erfahrungen sammeln, die mich dann auf meinem weiteren Heilungsweg begleiteten und nach vorn treiben konnten. Es lohnt sich immer, aus der Komfortzone herauszutreten, es bietet dir einen Grund, unglaublich stolz auf dich zu sein, näher zu dir selbst zu finden. Und im besten Fall (und wahrscheinlich meistens) machst du dabei eine positive Erfahrung, die dich nach vorn bringt. Denn selbst wenn ich in diesem Urlaub in Griechenland krank geworden wäre, dann hätte ich höchstwahrscheinlich daraus gelernt, dass ich auch das gemeistert und überstanden hätte, hätte Resilienz aufgebaut und mein Durchhaltevermögen gestärkt. Auch hier muss man es raus aus der Opferrolle und rein in das Mindset der Selbstermächtigung schaffen, aber sobald dieser Schritt getan ist, so wird es nach meiner Erfahrung nur noch leichter.

Neben dieser ganzen mentalen Arbeit war es für mich auch ab einem gewissen Punkt sehr wichtig, das gestörte Vertrauensverhältnis zu meinem Körper wieder zu stärken. Mein Körper ist mein Zuhause und ich möchte mich in ihm wohl, stark und sicher fühlen. Hier mag jeder etwas für sich selbst finden, was funktioniert, um wieder „in den Körper" zu kommen und sich selbst wahrzunehmen. Für mich war dies Embodiment – Sportarten, bei denen ich mich richtig gut fühle und bei denen ich mich nicht zum Sport zwingen muss, dazu Meditationen und vor allem Yoga.

Also pushte ich mich nach ein paar Monaten erneut aus meiner Komfortzone und flog für ein fünftägiges Yoga-Retreat nach Mallorca. Ganz allein. Fünf Tage nur ich, in einer Gruppe Frauen, die ich bis dahin nicht kannte. Wieder ein Flug und ein Transport ins Unbekannte. Fünf Tage in einem verlassenen Kloster in den Bergen Mallorcas mit viel Yoga, viel Bewegen, viel Zeit für mich zum Reflektieren, viel Stille, wenig Handyempfang.

Ich freute mich riesig auf diese Zeit, hatte gleichzeitig eine Riesenangst davor, hatte Sorge, dass ich zu viele Erwartungen an das, was in fünf Tagen passieren sollte, stellte und wurde kein bisschen enttäuscht. Es war eine der besten Entscheidungen, die ich für mich treffen konnte, diese Reise zu machen, und es war eine der schönsten Erfahrungen meines Lebens.

Ich bin in diesen Tagen dauerhaft aus meiner Komfortzone heraus gewesen und fand so viel Sicherheit und Verbundenheit zu den anderen Teilnehmerinnen, nachdem ich den Mut gefasst hatte, mich zu öffnen, so viel Liebe und Verständnis, und konnte so unglaublich viel neues Vertrauen in meinen Körper schöpfen. Die Stille und die Zeit der Reflexion in Kombination mit intensiver körperlicher Praxis haben mich so viel Stolz auf meinen Körper und das, was er bis hierhin geleistet hatte, empfinden lassen. Wo ich vorher noch Enttäuschung und Abneigung gegen mich selbst empfand – Gedanken wie „Jetzt bin ich schon wieder krank gewesen“ oder „Bestimmt schaffe ich das auch wieder nicht“ wurden ersetzt durch „Wow, mein Körper durfte ganz schön was mitmachen in den letzten Monaten, es wird Zeit, dass ich ihm mehr Liebe,

Stolz, Mitgefühl und Unterstützung entgegenbringe und wieder viel netter zu mir selbst bin".

So lernte ich Schritt für Schritt wieder für und mit und nicht gegen meinen Körper und somit mich selbst zu denken und zu agieren und schaffte es, meinen Körper und meinen Geist immer mehr in Einklang zu bringen. Das war ein großer Teil meines Heilungsweges und ich bringe es hier mit ein, weil ich denke, dass es sehr wichtig für jeden ist, der sich auf einen solchen begibt, sich ganzheitlich zu betrachten. Nicht nur die mentale oder nur die körperliche Arbeit zu leisten, sondern beides zu vereinen.

Inzwischen hatte ich seit bald zwei Jahren keine einzige Blasenentzündung mehr und vertraue meinem Körper und meinem Geist wieder viel mehr als früher. Und ich möchte ehrlich sein, trotzdem haben sich die Ängste und Gedanken dazu tief in mir eingebrannt, vor einem langen Flug oder einer Fahrt mit einem Reisebus habe ich immer noch Herzrasen und verspüre eine irrationale Angst, die mir einreden will, dass ich das nicht schaffe und mich dieser Situation nicht aussetzen sollte. Aber ich lasse mich nicht mehr davon hemmen oder blockieren und kann die Situation inzwischen gut eindämmen, ohne eine Panikattacke zu erleiden. Ich kann mir selbst genug

Trost spenden und von meinen vielen, positiven Erinnerungen und den Momenten, die gut gelaufen sind, zehren, sodass ich mich nicht mehr gefangen oder eingeschränkt fühle. Mein Körper ist jetzt wirklich und wahrhaftig wieder mein Zuhause und ich handle so, dass ich mich wohl und gut und stark in ihm fühle, schenke ihm Dankbarkeit und Mitgefühl, wenn es mir mal nicht so gut geht.

Wenn du dich gerade auf deinem Heilungsweg befindest, wie auch immer dein individueller Weg aussehen mag, schicke ich dir ganz viel Kraft und Mitgefühl. Du bist stärker, als du denkst, du schaffst alles, was du dir vornimmst, und es lohnt sich unendlich, dranzubleiben. DU BIST ES WERT.

... Ergänzung:

Es ist nun einige Wochen her, dass ich dieses Kapitel geschrieben habe, und ich habe es mir gerade noch einmal durchgelesen. In einer Woche, in der der Heilungsweg mal wieder einige Steine für mich in petto hatte, über die ich klettern durfte. Jetzt stehe ich sinnbildblich gerade hinter einem großen Stein, über den ich geklettert bin. Mühsam. Ich bin außer Atem und erschöpft und ich hoffe sehr, dass hinter diesem Stein nicht direkt der nächste wartet, sondern der Weg erst mal weiterhin ruhig und ohne Hindernisse verläuft, damit ich durchatmen und neue Kraft tanken kann. So ein Heilungsweg ist nämlich ganz schön trickreich. Man kann irgendwie immer nur ein kurzes Stück vom Weg sehen und weiß nicht, ob nach einem Hindernis direkt das nächste kommt, oder ob es erst mal eine Zeit lang ruhig und entspannt weitergeht. Unvorhergesehene, überraschende Hindernisse können jederzeit auftauchen und einen vielleicht kurz vom Weg abbringen, ihn verlangsamen, weil man das Hindernis erst mal erklimmen muss und einen ausbremsen, weil man nach dem großen Hindernis eine Verschnaufpause braucht.

Was ich sagen möchte, ist: Heilung ist nicht linear! Nicht planbar und nicht vorhersehbar.

Diese Woche gab es bei mir ein paar gesundheitlich angespannte Situationen und ich fühlte mich unglaublich zurückversetzt in die Zeit vor einigen Monaten, als meine Gesundheit sehr instabil war. Jedes Symptom, das ich in mir zu bemerken glaubte, bedeutete für mich direkt das Schlimmste. Gleichzeitig habe ich mich damit selbst frustriert, weil ich doch schon viel weiter auf meinem Heilungsweg bin und diese Probleme doch eigentlich nicht mehr haben dürfte.

Aber je mehr ich mich selbst fertig gemacht und verurteilt habe, desto tiefer rutschte ich in die Abwärtsspirale, desto schlechter ging es mir auch körperlich. Und dass ich es schaffen konnte, aus dieser Spirale auszubrechen, auch wenn es ein paar Tage gedauert hat, zeigt doch nur, wie weit ich doch eigentlich auf meinem Weg schon bin. Also habe ich mir Mitgefühl, Sanftheit und Liebe geschenkt, anstatt mich weiter selbst runterzuziehen und mir meine eigenen Tipps zu Herzen genommen. Mir Zeit genommen, Pause gemacht, mich an positive Erlebnisse erinnert und meinem Körper die Unterstützung gegeben, die er braucht.

Jetzt geht es mir besser, ich stehe hinter dem Hindernis, das zu meinem Heilungsweg dazugehört. Er ist nicht linear und er ist vor allem auch keine Rennbahn. Ich darf ihn in meinem Tempo gehen und jeder Schritt, egal wie klein und mühsam er ist, zählt und bringt mich weiter vorwärts. Ich gebe mein Bestes und das ist genug.

Und ich möchte dich daran erinnern, dass es immer genug ist, wenn du dein Bestes gibst, dass jeder Schritt zählt und du auf jeden klitzekleinen Schritt, den du auf deinem Weg machst, stolz sein darfst.

Lebensabschnittsgefährten

Wir Menschen sind unglaublich vielschichtig. Ich habe manchmal das Gefühl, eine Zwiebel zu sein, und ganz ohne diese Entwicklung zu bewerten, gibt es verschiedene Phasen in meinem Leben, in denen ich verschiedene Schichten nach außen trage, dann wieder welche ablege und eine neue Version von mir selbst werde. Manchmal freiwillig, weil ich mich entwickeln möchte, manchmal unfreiwillig, weil das Leben mir Chancen und Herausforderungen schenkt, Türen öffnet und andere schließt und ich mich mit diesen Gegebenheiten wandle, entwickle, neu werde und doch im Kern immer die Gleiche bleibe.

Worauf ich hier hinaus möchte, ist die Tatsache, dass wir uns verändern. Wir alle. Und das ist etwas Gutes. Das Einzige im Leben, was absolut sicher ist, ist doch, dass es sich stetig verändert. Und das ist etwas extrem Positives, obwohl ich von mir behaupten würde, dass ich durchaus jemand bin, der seinen Alltag mag, gerne weiß, wohin die Dinge führen und nicht unbedingt der größte Fan von Überraschungen ist.

Aber dass wir uns entwickeln, ganz egal in welche Richtung, bedeutet auch, dass sich die Dinge um uns herum verändern.

Gegebenheiten, Wohnorte, Interessen, Vorlieben, äußere und innere Umstände, all das verändert sich in jedem von uns, und manchmal führt das dazu, dass gewisse Ansprüche, die wir an eine Freundschaft stellen, nicht mehr übereinander passen.

Das ist sicherlich nicht immer beidseitig und das macht die Sache dann schwierig – wie es immer ist, wenn es in einer Beziehung für eine Partei noch passt und für die andere eben nicht mehr. Aber es ist okay.

Freunde dürfen auch nur Lebensabschnitte begleiten, bevor sich die jeweiligen Wege wieder trennen.

Freundschaften sind jedoch ebenfalls Beziehungen, die uns prägen und die sehr intensiv sein können, und deswegen finde ich, dass es wichtig ist, einen offenen, ordentlichen und gut durchdachten Friendship Breakup durchzuführen, wenn man eine Freundschaft nicht mehr weiterführen möchte. Das ist allemal besser, als die Person zu ghosten oder schlecht über sie zu sprechen, Gerüchte in die Welt zu setzen, oder bei anderen darüber sprechen, warum man die Person, die eigentlich deine Freundin ist, meidet, anstatt ihr selbst den Grund zu nennen, oder sich auszuschweigen.

An dieser Stelle finde ich auch noch mal wichtig zu betonen, dass Beziehungen Arbeit sind, und wenn Freundschaften Beziehungen sind, dann kann und muss man stetig an ihnen arbeiten, wenn man möchte, dass sie funktionieren. Dazu gehört eine funktionierende Kommunikation. In einer Freundschaft, die einem viel bedeutet, muss es möglich sein, seine Gefühle, Probleme und Missverständnisse an- und sich darüber auszusprechen, um Hindernisse aus dem Weg zu räumen. Mit der richtigen Kommunikation ist es sicherlich möglich, sich durch die verschiedenen Schichten der metaphorischen Zwiebel zu begleiten, vielleicht mal intensiver und mal weniger intensiv, aber immer beieinander und immer füreinander da. Bleibt diese Kommunikation weg, wird es schwieriger, einander zu verstehen, man bleibt bei der Entwicklung des anderen auf der Strecke. So entsteht Distanz und man entfernt sich Stück für Stück weiter voneinander, eventuell sogar, ohne dass eine der Parteien es mitbekommt.

Ich habe das Gefühl, bei Luisa und mir ist es so gewesen. Unsere Kommunikation ist auf der Strecke geblieben und die Distanz auf einer Seite war irgendwann zu groß, um sie noch zu überbrücken.

Wie ich aber ja schon beschrieben habe, hat hier kein wirklich sauberer Friendship Breakup stattgefunden, auch wenn sie durchaus geäußert hat, dass sie aus der Freundschaft nichts mehr zieht und sie diese nicht weiterführen möchte. Bis heute fehlt mir das große Warum dahinter, und ich glaube, wenn ich das schon viel früher gekannt hätte, dann wäre es vielleicht gar nicht zur Trennung gekommen, weil wir gemeinsam daran hätten arbeiten können.

Denn es ist doch so, dass der Prozess schon lange vor der Trennung anfängt, ganz grob und ganz weit aus sämtlichen Details rausgezoomt, nämlich da, wo es ein Problem gibt, über das man spricht, und dann gibt es zwei mögliche Ausgänge der Situation. Die erste Möglichkeit: Es findet sich eine Lösung, die Freundschaft besteht weiter und kommt möglicherweise durch die gemeinsam bestandene Prüfung auf ein ganz neues Level. Die zweite Möglichkeit: Es findet sich keine Lösung und es kommt zur Trennung. Und versteht mich nicht falsch: Es ist okay, wenn es zur Trennung kommt, aber diese sollte ein Prozess sein, in den beide Parteien der Freundschaft eingebunden sind und keine vollendete Tatsache, die einer Partei vor die Füße geschmissen wird, ohne dass sie es geahnt hat, sich darauf einstellen, oder ihren Teil dazu beitragen konnte, in welcher Form auch immer.

Eine ordentliche, sensible und respektvolle Trennung hat außerdem den Vorteil, dass man sich auch nach Beendigung der Freundschaft noch offen begegnen und sich in die Augen schauen kann, ohne dass es peinlich oder unangenehm wird.

Neulich erst stand ich vor einer für mich sehr unangenehmen Herausforderung. Ich wusste nämlich, dass Luisa in der gleichen Kantine wie ich zu Mittag essen würde. Da sie in einem anderen Bundesland lebt, gab es seit unserer Trennung nicht wirklich Situationen, in denen wir uns hätten begegnen können. Es hat mich unglaublich gestresst, zu wissen, dass ich ihr vielleicht das erste Mal seit unserem letzten, schriftlichen Kontakt, der circa ein Jahr zuvor stattgefunden hatte, über den Weg laufen würde, weil ich überhaupt nicht wusste, welche Erwartungen ich an diese Begegnung stellen sollte. Grüßen wir uns? Bleiben wir stehen? Wird es ein Gespräch geben? Ignorieren wir uns? Ich habe das als extrem unangenehm empfunden und hätte mir (nicht zum ersten Mal) klarere Fronten gewünscht.

Am Ende des Tages wollte der Zufall nicht, dass wir uns begegnen, aber dieser Tag und wie ich mich an ihm gefühlt habe, hat mich einmal mehr zum Nachdenken gebracht und mir klar gemacht, dass Freundschaften, wenn es denn dazu kommt, klar, ehrlich, offen und mit der Möglichkeit zu einer Aussprache beendet werden sollten. Das gibt nicht nur einen schöneren Abschluss, ist ehrlich und erwachsen, sondern es bietet auch vielmehr die Möglichkeit, dass man in einer anderen Lebensphase, wenn man eine andere Schicht trägt, wieder zueinanderfindet und sich vielleicht wieder gegenseitig bereichern kann.

The Ways We Change

I am not the girl I was when you were my best friend.

I am not the girl I was when I saw the chance in your speech,

Our speech that allowed you to define me as a person.

I am not the girl I was when you told me what I could and could never be.

I am not the shell of a girl that I was when you left me.

I am not the girl you know and you are not the one that will let me know you.

Unbekannter Autor

Warum wir oft an den Personen festhalten, die uns nicht guttun

Wir alle haben schon mal jemanden verloren, ohne dass die Person gestorben ist. Egal ob es eine Liebesbeziehung, ein Kontaktabbruch zu einem Familienmitglied, oder eben das Ende einer Freundschaft war. Es gibt wohl kaum eine Person, die noch nie ein Beziehungsende erlebt hat, und auch wenn es nicht immer der große dramatische Abgang ist, haben sich die meisten sicher auch schon mal mit dem Warum dahinter auseinandergesetzt oder haben sich innerlich dagegen gewehrt, die Beziehung loszulassen.

Wir erkennen, dass eine Freundschaft endgültig vorbei ist und wir sie wirklich loslassen, wenn wir aufhören, ständig daran zu denken. Wenn wir aufhören, uns an der Vorstellung, wie etwas hätte sein sollen, festzuklammern, denn letztendlich tun wir nichts anderes, wenn wir uns immer wieder in Was-wäre-wenn-Szenarien verlieren.

Ausgehend von einer Freundschaft, die endet, ohne dass ich es wollte, bedeutet Loslassen für mich nicht, der Person zu erlauben, aus meinem Leben zu verschwinden, sondern vielmehr Akzeptanz dafür zu entwickeln, dass sie bereits gegangen ist und zu verstehen, dass die Tiefe meiner Liebe, die ich für diese Person empfunden habe, oder sogar immer noch empfinde, nicht an meinem Schmerz über ihren Verlust gemessen werden kann.

Das klingt vielleicht etwas kompliziert, aber ich meine damit vor allem, dass man sich nichts Neuem öffnen kann, wenn man krampfhaft an Altem festhält. Das bedeutet nicht, dass man alles vergessen und verschließen soll, was gewesen ist, sondern sich den Dingen, Geschehnissen und Menschen zu widmen, die man nicht festhalten muss, damit sie geschehen. Sich auf die Menschen zu konzentrieren, die in deinem Leben sind, weil sie da sein wollen, weil sie dich schätzen und lieben und die Zeit mit dir verbringen wollen und dir Gutes geben, anstatt an der Vorstellung einer Freundschaft kaputtzugehen, die eigentlich längst vorbei ist und die man im Nachhinein vielleicht sogar idealisiert und in Zuckerwatte verpackt, sodass man ihre Ecken und Kanten nicht mehr sieht.

Etwas, das deinem Leben etwas Gutes gibt, besteht nie aus Zwang, aus Ultimaten, oder bringt dich nachts um deinen Schlaf. Auch wenn gute Beziehungen nicht immer einfach sind und wie schon häufiger erwähnt auch harte Arbeit bedeuten, so sollten sie dich nicht grübelnd und ratlos zurücklassen.

An etwas festzuhalten, weil man nichts anderes kennt, mag sich zunächst leichter anfühlen, als sich etwas Neuem zu widmen, weil das, was du kennst, in deiner Komfortzone liegt und viele Menschen sich lieber mit bekanntem Schmerz zufriedengeben, anstatt sich mit unbekanntem Wachstum außerhalb der Komfortzone zu befassen.

Aber als jemand, der beide Gebiete kennt, kann ich mit absoluter Sicherheit sagen, dass der Wachstumsschmerz sich lohnt, wenn du irgendwann aufwachst und realisierst, wie sehr du deinen Selbstwert zurückstellst, wenn du an einer Situation, Beziehung oder Person (oder der Vorstellung davon) festhältst, weil du denkst, dass du „nichts Besseres“ finden kannst.

Wenn du an etwas festhältst, dann frage dich stets, ob du wirklich an der Person, der Freundschaft oder der Situation festhältst, oder nur an der Vorstellung davon, wie es hätte sein sollen.

People Pleasing

Der Übergang von fürsorglichem Verhalten zu *People Pleasing* (dt. etwa: Es den Leuten recht machen wollen) kann schleichend und tückisch sein. Meistens merken wir es zunächst gar nicht, wenn wir in ein Verhalten abrutschen, bei dem es nur noch um die Bedürfnisse der anderen geht. Bis wir plötzlich dastehen und quasi vergessen haben, wer wir eigentlich sind und wofür wir stehen wollen. Wir geben unsere eigenen Bedürfnisse, unsere persönlichen Grenzen und ein riesengroßes Stück unseres Selbstwertes auf, um es einer anderen Person recht zu machen.

Aber wie kommt es eigentlich dazu und wie echt kann eine Freundschaft sein, in der es nur um die Bedürfnisse einer von zwei Personen geht oder in der es nur gut läuft, wenn du den anderen Part glücklich machst?

Eigentlich ist es erst mal etwas Schönes und ein guter Charakterzug, wenn wir Menschen, die wir lieben und die uns viel bedeuten, glücklich sehen wollen. Jedoch ist es nicht um jeden Preis etwas Gutes und schon gar nicht, wenn wir unsere eigene Meinung nicht äußern dürfen, ohne Ärger auf uns zu ziehen, wenn keine Kompromisse geschlossen werden oder wenn man in der ständigen Angst vor Ablehnung lebt, wenn man der anderen Person nicht nach dem Mund redet.

Für mich gibt es hier zwei große Themengebiete: Das erste ist die Manipulationskraft der anderen Person. Es gibt Menschen, die narzisstische Züge haben oder einfach das Talent besitzen, dir ihre Meinung aufzuquatschen und keine Ruhe zu geben, bis sie ihren Willen haben.

Sie neigen sogar dazu, sauer zu werden, vielleicht sogar beleidigend oder sie bestrafen dich mit Liebesentzug oder auf andere Art und Weise dafür, solltest du ihnen einmal nicht gerecht werden.

Das zweite Themengebiet ist dein eigenes Bedürfnis nach Harmonie. Ich selbst bin ein sehr harmoniebedürftiger Mensch und neige deswegen auch heute, nach viel innerer Arbeit, manchmal noch zum People Pleasing. Mir ist es unheimlich wichtig, dass es den Menschen, mit denen ich Zeit verbringe, gut geht, dass alle sich lieb haben und bloß keine schlechten Vibes in der Luft liegen. Was ich dabei manchmal vergesse, ist die Anspannung, unter der ich stehe, um bloß alle zufriedenzustellen. Dadurch erzeuge ich manchmal die schlechtesten Vibes überhaupt, weil ich nach gewissen Situationen merke, dass ich überhaupt nicht nach meinem eigenen Willen gehandelt, meine eigenen Grenzen nicht respektiert und mich selbst unglaublich ausgelaugt habe. Dann fühle ich mich deswegen schlecht und begebe mich in eine Abwärtsspirale, weil ich mir selbst Vorwürfe dafür mache, nicht für mich eingestanden zu sein oder mich sogar für mein Verhalten schäme.

Wenn du in einer Freundschaft steckst, die dir viel bedeutet, bei der du aber das Gefühl nicht loswirst, dass sie nur funktioniert, wenn du in der Funktion des People Pleasers steckst, dann lohnt es sich sicherlich, das Gespräch zu suchen, deine Bedenken zu schildern und deine Freundin daran zu erinnern, dass eine Freundschaft eine ausgeglichene zwischenmenschliche Beziehung sein sollte, du aber gerade das Gefühl hast, dass deine Bedürfnisse komplett hinten anstehen. Bedenke: Wir wollen nicht einfach mit Menschen brechen, die uns wichtig sind. Es lohnt sich immer, in die Kommunikation zu gehen und der anderen Person die Gelegenheit zu geben, an sich zu arbeiten, Themen aufzuarbeiten, Lösungen zu finden und sich neu auszurichten, bevor man sich abwendet. Eben an der Beziehung zu arbeiten. Aber man muss und darf sich natürlich auch nicht alles gefallen lassen. Du bist der wichtigste Mensch in deinem Leben und du musst glücklich und zufrieden sein dürfen.

People Pleasing hat viele Facetten und ich habe hier nur kurz angerissen, welche Erfahrungen ich gemacht habe und wie ich es wahrnehme. Falls du selbst auch zu dieser Angewohnheit neigst, helfen dir vielleicht die folgenden Punkte, ein wenig klarer zu sehen und einen Ausweg zu finden:

1. **Reflektiere dich selbst:** Untersuche, warum du dazu neigst, anderen gefallen zu wollen. Welche Ängste oder Unsicherheiten könnten dahinterstecken?

2. **Lerne, klare Grenzen zu setzen** und sage „Nein", wenn du etwas wirklich nicht möchtest oder es dir schadet, dich überzustrapazieren.

3. **Stärke deinen Selbstwert**. Arbeite an deinem Selbstwertgefühl und erkenne an, dass deine Meinung und Bedürfnisse genauso wichtig sind wie die anderer.

4. **Nimm dir Zeit für Selbstfürsorge** und tue Dinge, die dir Freude bereiten und dich stärken, ohne dabei auf die Bedürfnisse anderer zu achten.

5. **Klare Kommunikation:** Übe in kleinen Situationen, deine Gedanken und Bedürfnisse klar und respektvoll auszudrücken, ohne Angst vor Ablehnung oder Konflikten.

6. **Habe realistische Erwartungen.** Akzeptiere, dass du nicht jeden glücklich machen kannst und es in Ordnung ist, nicht von allen gemocht zu werden.

7. **Frag nach Hilfe.** Wenn People Pleasing tiefe Wurzeln hat oder schwer zu überwinden ist, kann eine Therapie oder Beratung helfen, die zugrundeliegenden Probleme anzugehen.

Erinnere dich stets daran, dass jede innere Arbeit und jede Entwicklung deiner Persönlichkeit ein Prozess sind, der nicht linear verläuft. Nur weil es Rückschritte gibt, heißt das nicht, dass du keine Fortschritte machst. Hab Geduld und Mitgefühl mit dir selbst, während du daran arbeitest, deine Gewohnheiten zu ändern.

People Pleasing wird dir niemals helfen, deine Ziele zu erreichen und deine eigenen Bedürfnisse zu erfüllen. Und es wird dich auf deinem Weg nicht dahin bringen, wo du landen willst, denn du gehst den Weg eines anderen anstelle deines eigenen.

Gehen oder bleiben?

Freundschaften verändern sich. Das habe ich hier schon oft festgestellt und auch, dass es okay ist und so ein darf. Manchmal verändern sich Freundschaften aber so sehr, dass sie unsere Erwartungen nicht mehr erfüllen, vielleicht mehr Energie rauben, als sie geben, oder einfach zu anders sind. Meiner Meinung nach lohnt es sich dann, die Ebene der Freundschaft zu überprüfen, bevor man sich von ihr abwendet, um vielleicht doch eine Entscheidung für die Freundschaft zu treffen.

In meinem Umfeld ist das prägnanteste Beispiel dafür, was mit Freundschaften passiert, wenn eine Freundin ein Kind bekommt, die andere jedoch nicht. Der Alltag der neuen Mami ändert sich um 180 Grad. Alles wird anders für sie, alles wird neu, es gibt einen komplett anderen Fokus und komplett andere Themen, die sie beschäftigen. Als Nicht-Mami hat man diese Themen nicht und kann sie wahrscheinlich auch nur bis zu einem gewissen Grad nachvollziehen. Und auch wenn man sich dafür interessiert, nimmt die Schnittmenge an Gemeinsamkeiten in dieser Freundschaft zwangsläufig ab.

Das lässt sich natürlich auch auf viele andere Themen übertragen, zum Beispiel eine neue Beziehung, ein neuer Job einer Partei oder ein sehr zeitintensives Hobby. All diese Dinge können eine super intensive Prüfung für eine Freundschaft und sehr herausfordernd sein.

Wenn also die Schnittmenge an Themen und Gemeinsamkeiten abnimmt, wird die Freundschaft vielleicht weniger intensiv und erfüllt die Erwartungen, die man an sie hat, nicht mehr. So kann es vorkommen, dass man enttäuscht aus Treffen kommt, traurig ist, weil der Kontakt weniger wird oder auf einer anderen Ebene stattfindet, und man sich etwas ratlos fühlt, wie es jetzt mit dieser Freundschaft weitergehen soll.

Zum einen kann es immer nur Sinn machen, diese Emotionen zu kommunizieren, darüber zu sprechen und gemeinsam nach einer Lösung zu suchen. Communication is key! Es kann vielleicht sogar etwas Positives sein, wenn die Freundschaft dieser Prüfung ausgesetzt ist und sie besteht, weil man eine gemeinsame Lösung gefunden hat, die für beide Seiten passt. Dann kann man unglaublich stolz auf sich sein und hat definitiv eine neue Freundschaftsebene erreicht.

Es kann aber auch Sinn machen, sich zu fragen, ob man in der Lage ist, seine Erwartungen an die Freundschaft anzupassen. Wäre es okay, wenn wir uns nur noch alle paar Wochen sehen und nicht mehr jedes Wochenende? Kann ich damit leben, wenn ich mit dieser Freundin nicht mehr jedes kleine Detail aus meinem Alltag teile, weil ich weiß, dass sie nun ein Baby hat und deswegen keine Kapazitäten mehr hat, darauf einzugehen und ebenso viel mit mir zu teilen? Oder tut es mir zu sehr weh und es ist besser, wenn ich mich abwende? Neben der Kommunikation untereinander muss man hier auch ein ehrliches Gespräch mit sich selbst führen, sich vielleicht eine Testphase erlauben und der Freundschaft die Möglichkeit geben, eine andere Ebene zu erreichen. Das kann auf alle Fälle gut funktionieren – übrigens in beide Richtungen. Man kann Freundschaften genauso erlauben, mehr Raum einzunehmen und sich mehr zu entfalten und intensiver zu werden. Und ehrlich gesagt glaube ich, dass das einer genauso intensiven Prüfung bedarf, weil die Menschen, die uns intensiv begleiten und mehr prägen als die, die unser Leben verlassen oder weniger Platz in unserem Alltag haben.

Aus meinen Erlebnissen in den letzten zwei Jahren habe ich gelernt, dass es immer Sinn macht, einen genauen Blick darauf zu werfen, mit wem man seine Zeit verbringt, wem man seine Energie schenkt, wen man an seinen Gedanken und Gefühlen teilhaben lässt und wem man erlaubt, den eigenen Charakter mitzuprägen und die eigene Stimmung, Laune und Ansichten auf die Welt zu beeinflussen.

Decide.

So do it. Decide.

Is this the life you want to live?
Is this the person you want to love?

Is this the best version you can be?

Can you be stronger?

Kinder, more compassionate?
Decide.

Breathe in.

Breathe out.

Decide.

Sometimes you're the toxic one

(dt.: Manchmal bist du selbst die toxische Person)

Ich bin nicht perfekt. Du bist nicht perfekt. Niemand ist perfekt. Das macht uns menschlich. Und wahrscheinlich kennt jeder von uns eine Situation, auf die man heute zurückblickt und auf die man nicht besonders stolz ist, in der man sich vielleicht zum heutigen Entwicklungsstand oder in der heutigen Lebenssituation anders verhalten würde – und auch das wäre vielleicht nicht „die richtige" Verhaltensweise. Fehler sind menschlich. Jeder macht sie. Wichtig ist nur, dass wir reflektiert durch unser Leben gehen und bereit sind, aus ihnen zu lernen, anstatt stoisch immer von sich zu denken, dass man alles richtig macht und alle anderen einem nur Böses wollen oder dass alle anderen das eigene Verhalten nicht verstehen oder akzeptieren wollen, weil sie unter einem stehen.

Manchmal bist du das Problem. Es gibt Situationen in Freundschaften, auf die ich zurückblicke und in denen ich sagen kann, dass ich das Problem war. Ich habe nicht richtig kommuniziert, nicht achtsam genug hingeschaut, mich einfach doof verhalten. Und was macht man dann, wenn man merkt, dass man selbst das Problem ist? In meinem Kapitel über die

Freundschaft zwischen Valerie und mir habe ich erzählt, dass es ein Missverständnis um die Planung meiner Geburtstagsfeier gegeben hat, das eine Kettenreaktion ausgelöst und dazu geführt hat, dass wir heute da stehen, wo wir stehen. Und ganz ehrlich, dieses Missverständnis wurde von mir verursacht – das heißt nicht, dass ich das Verhalten und die Situationen, die sich daraus ergeben haben, gutheiße oder verstehe, aber ich kann auch meinen Anteil an der ganzen Geschichte sehen. Und ich habe das eingestanden und mich entschuldigt, somit Reflexion gezeigt und die Bereitschaft mitgebracht, an mir zu arbeiten und aus meinen Fehlern zu lernen. In Zukunft würde ich in der gleichen Situation anders und proaktiver kommunizieren.

Es ist wichtig, dass man sich eingestehen kann, wenn man Fehler gemacht hat, egal wie groß oder wie klein sie sind, denn anders können wir uns nicht entwickeln. Ich glaube aber auch, dass es sehr wichtig ist, sich selbst zu vergeben und keinen Selbsthass zu entwickeln, denn Schuld, Scham und Selbsthass bremsen unsere persönliche Entwicklung genauso sehr, als würden wir uns den Fehler gar nicht erst eingestehen.

Und auch dann ist wieder die Kommunikation der wichtigste Faktor. Sage deinem Gegenüber, was du fühlst, was du an dir selbst bemerkt hast und gib zu, dass du dich falsch verhalten hast. So gibst du deinem Gegenüber auch die Möglichkeit, sich weiterzuentwickeln, sich selbst zu verzeihen und Situationen aufzuarbeiten. Vielleicht sucht der andere Part der Beziehung nach wie vor den Fehler bei sich, tappt im Dunkeln, ist verunsichert und versteht überhaupt nicht, was vorgefallen ist. Wenn du auf die Person zugehst und ihr kommunizierst, dass du ein Fehlverhalten eingestehen möchtest, dann kann das für den Gegenpart unglaublich viel Licht ins Dunkel und Raum zum Loslassen geben, selbst wenn vielleicht zu viel vorgefallen ist, um wieder zueinanderzufinden. Klarheit ist immer besser als Ungewissheit, und besonders, wenn man selbst merkt, dass man einen Fehler gemacht hat, schuldet man es sich selbst und der Person, der man sich nicht korrekt gegenüber verhalten hat, die Situation aufzulösen. Und danach darf man sich verzeihen. Sich gegenseitig und sich selbst, weil wir alle nur Menschen sind, alle Fehler machen und weil es sich mit Mitgefühl und Liebe viel leichter loslassen und nach vorn schauen lässt, egal ob man schlussendlich den Weg miteinander weiter, oder ob man in verschiedene Richtungen geht.

Genauso wichtig, wie es ist, sich selbst Fehler eingestehen zu können, ist es auch, sich selbst zu vergeben, um mit innerem Frieden, ohne Scham, Schuld und Selbsthass weiterleben zu können, ohne innere Blockaden und ohne dass die Vergangenheit die Zukunft blockiert.

Die Kunst des Loslassens (Let's let go)

Loslassen – was ist das eigentlich? Was bedeutet es, eine Emotion, ein belastendes Ereignis, eine Freundschaft, eine Beziehung oder ein anderes vermeidlich geschlossenes Kapitel seines Lebens „loszulassen"?

Bedeutet es, dieses Ereignis, Kapitel, Gefühl oder was auch immer man loslassen will, nie wieder zu beachten? Ihm nie wieder Aufmerksamkeit zu schenken und nie wieder etwas damit zu tun zu haben?

Das würde in meinem Fall bedeuten, dass ich nie wieder an Luisa oder Valerie denken würde. Nie wieder von Dingen erzählen, die ich mit ihnen erlebt habe, und nie wieder über sie sprechen würde. Dass ich nichts mehr fühlen würde, wenn irgendetwas, das mit ihnen zu tun hat, meinen Weg kreuzt, mir zum Beispiel eine Erinnerung auf Instagram anzeigt wird oder ich einen Song im Radio höre, den ich mit einer der beiden verbinde.

Hier wird relativ schnell deutlich, dass das gar nicht möglich und auch nicht menschlich ist. Wir können unser Gehirn nicht umprogrammieren, den Papierkorb leeren und ganze

Personen, Ereignisse oder Emotionen aus uns auslöschen, und das sollte meiner Meinung nach auch niemals das Ziel sein. Alles, was man erlebt und durchmacht, dient einem Zweck. Jede Emotion, jede Hürde formt einen zu der Person, die man ist, die man war, die man in der Zukunft sein wird, und das ist auch gut so.

Loslassen bedeutet für mich vielmehr, alles Erlebte und Empfundene anzuerkennen, es zu verstehen, vor allem auch zu verstehen, was es mit der eigenen Persönlichkeit gemacht hat und was die Auswirkungen davon sind, und dann aktiv daran zu arbeiten, es hinter sich zu lassen. Nicht mehr zuzulassen, dass es belastend ist.

Loslassen ist genauso individuell, wie das, was man eventuell loslassen möchte. Jede Emotion, alles, was eine Person erlebt hat und wie es sich auf sie auswirkt, ist genauso einzigartig, wie die Art und Weise, etwas loszulassen, es sein kann.

Für den einen mag es funktionieren, sich hinzusetzen und alles vom Kopf aufs Papier zu bringen. In der spirituellen Yoga-Bubble trifft man sich für Vollmondzeremonien, setzt sich zusammen und schreibt auf einen Zettel, was einem nicht mehr dient, also welche Emotionen, Werte oder Eigenschaften nichts Positives mehr mit sich bringen. Dann wird der Zettel, symbolisch für das Loslassen dieser Dinge verbrannt. Dafür muss man sich natürlich nicht zu einer Zeremonie treffen, das kann man auch zu Hause machen. Es muss nicht mal Vollmond dafür sein, es kann einfach nur eine schöne symbolische Unterstützung für aktives Loslassen sein. Man muss aber auch nichts davon machen. Man kann sich seinen ganz eigenen Weg suchen, Dinge aktiv hinter sich zu lassen, von denen man merkt, dass sie einem nicht guttun, einen runterziehen und ausbremsen. Und das ist keinesfalls leicht, das ist nicht damit getan, einen Zettel zu verbrennen, sondern es bedeutet aktive und teilweise sicher schmerzliche innere Arbeit. Sich bewusst zu machen, was man loslassen möchte, ist der erste Schritt in die richtige Richtung und geht einher mit dem Antreten des eigenen Heilungsweges. Loslassen ist ein Prozess, der viel Hinschauen erfordert. Man muss sich Zeit dafür nehmen, viel Geduld mitbringen und sich ehrlich selbst reflektieren. Sich einzureden, dass man etwas loslässt, es aber eigentlich noch unter der Oberfläche schlummert, bedeutet nur, dass man die dazugehörigen Emotionen unterdrückt und sie irgendwann, auf eine andere Art und Weise mit einem neuen Ereignis oder Trauma wieder hochkommen und der Berg an unverarbeiteten Emotionen immer größer und schwieriger zu bewältigen wird. Es ist sehr wichtig, sich alle Emotionen zu erlauben, die im

Prozess des Loslassens hochkommen. Traurig, wütend und vor allem verwundbar zu sein, sind ein wichtiger Teil des Prozesses. *The only way is through*. Der einzige Weg führt hindurch. Verarbeiten statt verdrängen. Dann funktioniert auch früher oder später das Loslassen.

Aus eigener Erfahrung kann ich sagen, dass man manches mehrmals loslassen muss, und ich glaube auch, dass man manches nie vollkommen loslassen kann, und das ist auch in Ordnung und gut so. Sich im aktiven Prozess der Verarbeitung zu befinden, bringt einen immer nur vorwärts, und Dinge wie Freundschaften, die uns viel bedeutet haben, dürfen auch auf gewisse Art und Weise für immer ihren Platz in unserem Herzen haben, und es darf auch immer irgendwie ein bisschen Wehmut mitschwingen, wenn wir daran denken.

Letztendlich ermöglicht das bewusste Loslassen von dem, was einen runterzieht, Raum für Heilung, persönliches Wachstum und neue Möglichkeiten. Das bedeutet nicht, etwas, das nicht mehr da ist, durch etwas vermeintlich Besseres zu ersetzen, sondern sich weiterzuentwickeln und im natürlichen Flow des Lebens nach den schweren Momenten wieder schöne Momente und neue Erinnerungen zuzulassen.

Ich habe mich frei gemacht von dem Gedanken, Luisa und Valerie irgendwann zu vergessen, darüber zu lachen, was passiert ist, oder froh zu sein, dass sie kein Teil meines Lebens mehr sind. Das ist genauso unrealistisch, als würde ich mir wünschen, dass alles irgendwann mal wieder so wird wie früher. Ich möchte auch kein hartes „Die will ich nie wieder sehen" in meinem Herzen tragen. Ich möchte Sanftheit zulassen, offen sein für alles, was eventuell in der Zukunft passiert, und dem Leben erlauben, seine Geschichte zu schreiben.

Ich möchte mir erlauben, das, was passiert ist, als das zu sehen, was es ist. Ein Verlust. Ich habe etwas verloren, das mir sehr viel bedeutet und einen sehr großen und wichtigen Teil meines Lebens eingenommen hat. Ich möchte nicht „die Starke" spielen und so tun, als würde es mir nichts ausmachen. Die letzten Monate haben mich gelehrt, dass ich die Starke bin, wenn ich meine Emotionen zulasse und bereit bin, mir anzuschauen, was mir weh tut, um es dann insofern gehen zu lassen, dass ich mein Leben als glückliche und freie Person weiterleben kann. Aus dem zu lernen, was mir passiert ist, und die Emotionen zu kennen, die es mit sich brachte, ermöglicht mir, jede bestehende und jede neue Freundschaft unendlich zu schätzen. Es ermöglicht mir, als Freundin und als Mensch zu wachsen und meinen Wert klarer zu sehen, ganz genau zu wissen, was ich geben kann und was ich dafür nehmen möchte, meine Grenzen zu kennen und sie liebevoll zu setzen und für mich einzustehen.

Ich bin dem Universum inzwischen unglaublich dankbar für den Weg, den ich gehen durfte. Ich weiß jetzt, dass ich ihn gehen musste, um zu der Version von mir zu werden, die ich heute bin. Und das ist eine Version, die mehr innere Stärke in sich trägt, als mein altes Ich ihr jemals zugetraut hätte. Ich konnte den Sinn dieses Prozesses lange Zeit nicht erkennen, war hilflos und hoffnungslos in einem dunklen Nebel gefangen. Doch jetzt, ein knappes Jahr nach der schwersten Zeit meines Lebens, sehe ich unglaublich klar. Ich bin stärker und mehr ich selbst als jemals zuvor.

Jede Seite, die im Buch deines Lebens umgeblättert wird, jede Brücke, die abbrennt und nicht mehr überquerbar ist, all das hat seinen Sinn. All das führt dich, mich, jeden von uns am Ende dahin, wo er sein soll. Hab keine Angst, sei im Moment. Sauge alles auf, was dir gut tut. Du bist auch sicher, genug und vollkommen, wenn du allein bist.

Du bist genug. Du bist es wert

Erkenntnisse

... die ich aus diesen Erfahrungen gesammelt habe und die ich als hilfreich, aufschlussreich und bemerkenswert empfinde:

- Freundschaften müssen nicht fürs Leben sein. Eine Freundschaft, die dich zwei Jahre begleitet, kann dich genauso sehr beeinflussen und formen wie eine, die dich 15 Jahre begleitet.

- Die Menschen, die du am meisten liebst, können dich am meisten verletzen. Es ist eigentlich ein Geschenk, wenn man so sehr lieben kann, dass man verletzt wird.

- Persönliche Krisen treiben persönliches Wachstum an. Wenn du dich hilflos fühlst, dann lernst du, dir selbst zu geben, was du brauchst. Aus Schmerz kann Wachstum entstehen, wenn wir bereit sind, den Schmerz zu fühlen und durch ihn hindurchzugehen.

- Akzeptanz ist der Schlüssel zum Loslassen.

- Sicherheit im Außen zu suchen ist ein Trugschluss. Wir sind nie, in keiner Beziehung, sicher. Die einzige Sicherheit, die wir uns geben können, finden wir in uns selbst, und das ist etwas Wundervolles.

- The only way is through. Gefühle werden nur negativ dadurch, dass wir sie als negativ bewerten. Um etwas zu überwinden, muss man alle Gefühle zulassen, die hochkommen.

- Wenn man etwas Schwieriges durchgemacht hat, entwickelt man mehr Empathie und Mitgefühl, man urteilt weniger schnell über andere, weil man im Hinterkopf hat, dass man nicht weiß, in welcher Situation und auf welchem Stück ihres Heilungsweges die andere Person sich vielleicht gerade befindet.

- Freundschaften, die enden, und Situationen, in denen man sich unfair behandelt fühlt, machen unheimlich viel mit unserem Selbstwertgefühl. Wenn man es richtig anstellt, geht man am Ende mit einem gestärkten Bewusstsein und einem höheren Selbstwert aus der Erfahrung hervor.

- Es lohnt sich zu überprüfen, ob wir wirklich an der Person und der Freundschaft, die endet, festhalten, oder nur an der Vorstellung davon, wie es idealerweise hätte sein sollen.

- Schöne Erinnerungen werden nicht weniger wertvoll, wenn die Person, mit der sie kreiert wurden, nicht mehr Teil des eigenen Lebens ist. Es ist wichtig, sich nicht nur über Schmerz der Vergangenheit zu definieren, sondern auch an das Schöne zurückzudenken, das man mit der Person erlebt hat.

- Es ist möglich, jemanden so gut zu kennen wie niemanden sonst und gleichzeitig das Gefühl zu haben, dass diese Person einem fremd ist. Man kennt eine alte Version dieser Person und muss sich frei machen von der Illusion, dass die Person heute noch dieselbe ist. Veränderung ist das Einzige, was immer sicher ist.

- Selbst das Schwierigste, was dir passiert, ist unter Umständen etwas Positives. Denn du selbst definierst, was für dein Leben gut ist und was nicht. Sobald du raus aus der Opferrolle bist und in eine Position der Selbstermächtigung kommst und die Fäden in die Hand nimmst, beginnst du zu heilen.

- Jede Emotion ist nur eine Phase. Es wird sich nicht für immer so anfühlen wie jetzt.

- Heilung ist nicht linear. Jeder kleine Schritt vorwärts zählt. Jedes überwundene Hindernis ist unglaublich viel wert und es ist unglaublich wichtig, sich Pausen und Zeit zur Integration zu nehmen.

- Man muss es sich unbedingt selbst wert sein, zu heilen.

Like rain, I fall

But

Like water, I flow

Like the sun, I'll shine

Everything takes time

And I'll be fine (again)

Über das Cover

Eines Abends saß ich mit meinem Freund zu Hause in unserem Wohnzimmer auf der Couch. Dieser gegenüber, direkt unter dem Fenster, steht ein Gummibaum, der seit zwei Jahren unaufhörlich wächst und immer wieder wunderschöne, neue Blätter hervorbringt. Es gibt wenig, das mich so fasziniert wie die Tatsache, dass die Pflanzen, die ich pflege, tatsächlich wachsen, und meine Begeisterung für das neue, sich frisch aufrollende Blatt war auch an diesem Abend unermesslich. Einen Tag später fiel ein Blatt vom unteren Teil des Baumes ab. Ein großes Blatt, das eigentlich noch grün und stabil und stark aussah. „Siehst du", sagte mein Freund zu mir. „Manchmal muss etwas Altes gehen, damit etwas Neues entstehen kann. Das passt doch auch total schön zu deinem Buch." Somit war die Idee für das Cover geboren, denn es gibt wirklich keine Metapher, die besser hätte passen können. Manchmal geht etwas Altes, von dem man nicht gedacht hätte, dass es geht. So wie ich nicht gedacht hätte, dass dieses grüne, starke Blatt vom Baum abfallen würde. Doch es musste gehen, um Wachstum und Fortschritt zu ermöglichen.

Danke liebe Charlotte, dass du diese Idee so wundervoll für mich umgesetzt hast. Charlottes Kunst findet ihr unter www.charlottejeroma.de.

ISBN 978-3-7584-9707-0
9 783758 497070 00001
www.epubli.com

Printed in Poland
by Amazon Fulfillment
Poland Sp. z o.o., Wrocław

34256190R00118